火星からの侵略

パニックの心理学的研究

A Study in the Psychology of Panic

THE INVASION FROM MARS

ハドリー・キャントリル◎著
高橋祥友◎訳
アルバート・H・キャントリル◎解説

金剛出版

THE INVASION FROM MARS
by
Hadley Cantril, Albert H. Cantril

火星からの侵略

パニックの心理学的研究

目次

新版の序

「昨晩八時一五分から九時三〇分の間、集団ヒステリーの大波が全国数千人のラジオ聴取者を呑みこんだ。H・G・ウェルズの空想小説『宇宙戦争』をラジオドラマにした番組が放送されたところ、数千人もの人々が惑星間の戦争が起き、火星人の侵略によって、ニュージャージー州とニューヨーク州で多数の死者と破壊が起きたと信じた」。一九三八年一〇月三一日のニューヨークタイムズ紙の一面はこのように始まっている。

全米で少なくとも百万人の聴取者が耳慣れたオーソン・ウェルズの声を聞いて、恐れおののいた。ウェルズはプリンストン大学の「高名な天文学者」リチャード・ピアソン教授を演じていて、「猛スピードで地球に向かってくる」火星人が水素ガスを撒き散らしていると、番組の冒頭で報告した。数分後には、「巨大な円柱」状の物体がプリンストン大学からわずか一一マイルしか離れていないグローバーズミルの農場に着陸し、「致死的な攻撃」が始まった。

ニューヨークの住民たちは家を捨て、近くの公園に逃げ出した。ニュージャージー州北部の家族は通りに逃げ出して、火星人が間もなく放出すると怖れていたガスから身を守るために、タオルで顔を覆った。人々がかけてくるため警察の電話は塞がり、ひどく脅えて、「ニュース」が正しいかというよりは、どのようにして脱出できるのかとばかり問いただそうとした。ニューイングランドばかりか中西部や南部でも、人々は泣きながら神に祈り、ニュージャージー北部やニューヨーク市に住む、愛する人々の運命を心配した。

CBSはこのような番組を放送したことに対してただちに弁明し、放送中にもこれが架空の番組であることをその晩四回告知し、放送後も同様の指摘を五回したという声明を出した。連邦通信委員会は正式な調査を開始するかもしれないという異例の発表をした。トレントン・イブニングタイムズによると、アイオワ州選出のクライド・L・ヘリング上院議員は公共の電波の「このような乱用」を防ぐために法律の制定を求めたという。オーソン・ウェルズ自身も放送が引き起こしたパニックに驚いた。「私たちは、聴取者がこんなあり得ない話を聞いて、すっかり退屈するか、イライラするだろうと思った」ので、彼は最初この番組を放送することを躊躇したと、ニューヨークタイムズは伝えている。[*1]

放送された状況はまずあり得ないのに、どうしてこれほど多くの人がパニックに陥ったのだろうか？　これこそが当時プリンストン大学の若き社会心理学者ハドリー・キャントリル (Hadley Cantril) が答えを見出そうとした疑問であった。ごみごみとした建物の火事や自然災害の際に、小さな地域に限局したパニックが起きることはかならずしも珍しくはない。しかし、この事件は、当時、ラジオという比較的新しいメディアがこれほどまでの影響を及ぼしたことを探るうえで絶好の機会となった。

この放送は、正当性という印象を作り上げるために創られた道具を実に見事に使っていたのだ。放送中の音楽番組を中止して、ラジオの公の信憑性を強調して、火星の表面に異常な障害が起きているという架空の「ニュース」を流した。その後、特定の地域から「実況中継」されて、いかにも今まさに重大な事態が起きているという感覚が強まっていった。そして、多くの高名な「権威者」もインタビューに駆り出されて、明らかにされるストーリーに皆と同様に驚いたと述べている。

放送の影響は、人々がラジオを通じて聞いたものをいかに受け止めたかということと同時に、電波を通じて伝えられた実際の内容にも関係していた。人々が受け止めた内容のほうが、実際に伝えられた内容よりも影響が大きかったのだ。「ニュース」を聴いているのだと信じている聴取者もいれば、それは架空のものだと知っている聴取者もいたというのを理解するのは難しかった。

『火星からの侵略（The Invasion from Mars）』は一九四〇年に最初に出版された。本書は出版当時にも、そして現代でも非常に興味深く、心理学やコミュニケーション学の両分野でもしばしば引用されてきた。これは、とくにプレッシャーを強く感じる危機的状況において、人々はマスメディアからの情報をどのように受け取るのかという点について、一般読者にも、そして社会科学者にも、多くの貴重な視点をもたらす。

放送が実際の「ニュース」と思った人はそうでない人よりも教育程度が低かったり、あるいは途中から放送を聞いたために、それがラジオ劇であるという冒頭の告知を聞かなかったりしていたのだろうというのが、研究の当初の知見であった。しかし、聞いていたものを信じた人もいれば、信じなかった人もいたことを説明するには、それでは十分ではないと、キャントリルはすぐに気づい

＊1——放送の影響がいかに広範囲に及んだかについては、一九三八年一〇月三一日付けのニューヨークタイムズの次の記事を参照されたい。「パニックに陥ったラジオ聴取者／「火星からのガス攻撃」を逃れて多くの人々が自宅から避難／ウェルズの空想科学番組放送で警察署の電話がパンク」

た。たしかに教育水準が低くて放送を信じた人もいたのだが、同程度の教育水準であるのに、それが架空の放送であると気づいた人がいたことを、キャントリルは発見した。同様に、途中から放送を聞いた人の中にも、それが真実であると思いこんだ人もいれば、ラジオ劇だと気づいた人もいた。

教育水準や放送を聞いた状況だけでは説明のつかない聴取者の差をどのように説明できるかという疑問が残った。あるいは、キャントリルが述べているように、ある聴取者は他の聴取者に比べて、なぜ「暗示への感受性」が高いのかという疑問であった。被暗示性とは、「放送が単なる架空の物語であることを十分に自分で確認せずに、聞いたことをそのまま信じてしまう」という意味であった［二〇五頁］。

被暗示性は、自信のなさ、運命論、過度の個人的心配、信仰心の強さなどがとくに顕著なパーソナリティ特性で説明できると、キャントリルは発見した。このような特性だけでは放送に対する聴取者の特性を説明できなかったが、総合的に考えると、自分が危機的な状況に置かれていて、自力では何もできない力に圧倒されていると感じる傾向が強い人が明らかになった。

このようなさまざまな特性の組み合わせを、「被暗示性」の高いパーソナリティ特性であると、キャントリルは述べている。「何らかの素因がある特定の力として機能し、他の人には影響を及ぼさない経験によってつねに影響を受ける人が存在することを、私たちは推論しなければならない。この被暗示性の特定のパターンとそれが決定する性格的行動が、全般的なパーソナリティ特性である」とキャントリルは述べている［二五四頁］。

ここでキャントリルは彼の恩師であるゴードン・W・オールポート（Gordon W. Allport）の理論について考えていた。オールポートは当時、さまざまに異なる状況において個人の行動に繰り返し生じる性質を定めている重要な特性について記述していた。オールポートによると、特性は「内向的」とか「外交的」といった行動のパターンで観察される、個人のパーソナリティの表面を定めているという。どのような特性が異なる状況で明らかになるかを発見できるので、もしも特性が人口に幅広く分布しているのであれば、パーソナリティの研究に有用であるというのが、オールポートの見解であった。次には、これらの特性がいつ、どのようにして互いに関連するのかを分析することにつながる。*2

キャントリルの研究が注目を集め続けてきた理由のひとつとして、社会的研究の先鞭をつけた顕著な例であったという点が挙げられる。「幸運」は「機会をとらえる能力」の多くを占めていると、キャントリルはよく述べていた。この事例では、実証的研究の可能性を予見し、実地で面接し、放送を聞いた人を探して、話をすることにキャントリルが長けていた点が関係していた。プリンストン大学とダートマス大学の間には運動競技で緊張関係にあったが、一九五一年の両大学間で非常に激しいフットボールの試合があった。その後にも、キャントリルは同様に他に先駆けて研究を実施した。試合後一週間以内に、研究が開始されて、両大学の学生間に試合について大きな認識の差があったことが調査された。*3

この研究のもうひとつの問題は、統一されていないさまざまな研究手法を用いたことであった。パ

＊2——オールポートの『パーソナリティ——心理学的解釈（Personality: A Psychological Interpretation. New York: Holt, 1937)』は、キャントリルが『火星からの侵略』に取りかかっている際に、出版されたばかりであった。オールポートは一九三七年に出版された、この本を後に大幅に改訂し、『パーソナリティのパターンと成長（Pattern and Growth in Personality. New York: Rinehart and Winston, 1961)』として出版した。

ニックという社会的現象には多くの側面があったので、そのアプローチにはいくつもの手法を用いて、ひとつの手法で確認された知見を確認したり、他の手法によって得られた知見でそれに反論したりすべきであると、キャントリルは考えた。キャントリルは一九三五年に「ラジオの心理学（The Psychology of Radio）」という研究でオールポートに協力し、放送と聴取者が「ラジオによって創り出された新たな心理世界」でどのように相互に影響を及ぼしあっているかを探るという重要な問題に関心を抱くようになった。[*4] さらに、科学的調査の蓄積的性質についても認識していて、さまざまな状況を検討するのに用いられた異なる研究手法の長所と限界についての理解を増すような研究も必要であると考えた。

彼の研究は一三五人の人々を対象とした詳しい面接に主に基づいていて、ほとんどの被験者は放送に当惑していた。しかし、この研究の結果、全国的な標本を対象とした二種の調査が実施されることになり、とくにそのうちのひとつは、放送の一週間後にCBSによって実施された。事例研究と調査は比較可能な結果をもたらしたが、キャントリルは事例研究のほうが「より完全で、心理学的に多くを明らかにする」ことを明らかにした［一二二頁］。

事例研究と個人面接調査に加えて、キャントリルは高校の校長を対象とした全国郵便調査を実施した。高校の校長は地域の幅広い層の人々と接触があり、パニックの規模について報告できるだろうとの前提に立っていた。郵便調査は地方の提携ラジオ局の管理者を対象としても実施されたが、放送後に放送局への電話が通常の五倍に増えたという。さらに、キャントリルのグループは放送とその余波についての一二〇〇編の新聞記事の内容分析を行った。これらの調査に用いられた研究方法は、当時、多くの米国人は大恐慌から必死になって復興しようとしていたり、米国がヨーロッパの戦争に参戦しなければならないという将来に対する予測に敏感になっていたりしたという不安な時代であったことを考慮に入れていた。

キャントリルはウェルズの番組に対する反応を分析し、その中心的な概念を「判断基準（standard of judgment）」であるとした。キャントリルはこれを「解釈の基礎となる、組織された心理的文脈」と定義している［八七頁］。本項の後に詳しく解説するが、キャントリルが述べた心理的条件とは、放送を理解しようとして、聴取者が下した、あるいは下さなかった判断の基準と関連して、パニックに陥った人のさまざまな反応を説明できるという。

「判断基準」はキャントリルの次の本『社会運動の心理学（The Psychology of Social Movement』へと統合されていった概念である。判断基準とは、「解釈の心理的基礎をもたらす定着のある地点の役を果たす、前提、想定、無条件の評価」と定義される。[*5] この本の中で彼が検討した五つの社会運動において、このような前提や価値は準拠枠（frame of reference）の中心であり、人はこれを通じて世界を知覚し、自分自身よりも大きな何かの一部になろうとするという。

＊3――プリンストン大学とダートマス大学の学生との面接に加えて、両大学の学生に試合の記録映画を見せて、反則を発見する度に指摘するように指示した。キャントリルは、かつて自分の学生であり、当時、ダートマス大学で心理学を教えていたアルバート・H・ハストーフ（Albert H. Hastorf）の研究に参加した。『Hastorf, A.H. and Cantril, H: They saw a game. Journal of Social and Abnormal Psychology. 49: 129-134, 1954』参照。

＊4――ラジオという新たな領域に関するこの調査は、ラジオ聴取者の性格を探り、放送局、娯楽、広告、教育、市民の社会的・政治的生活への参加などの実質的な意味合いを議論した。ハドリー・キャントリルとゴードン・W・オールポート著『ラジオの心理学』（ew York: Harpers, 1935）参照。

その後のキャントリルの研究のほとんどは次のように理解することができるだろう。すなわち、これらの判断基準の起源、そして、それが時間経過とともにどのように発展し、どのようにして他者と共有できる価値や前提と統合され、特定の状況や思考に関してどのような行動に出るべきかを理解しようと試みた。たとえば、一般の意見に関する後の研究は、その基礎に、彼が意見の「決定因」とよんだものを理解しようとしていた点にある。被験者がどのようにして、その意見を持つようになったのか、いつ、どのような理由で意見を変えるのかを理解するには、彼らの社会的・人口動態学的特徴を検討する以上のことを調査する必要があった。[*6]

キャントリルがすべてを明快に統合できた出来事は、一九四六年にアデルバート・エイムズ・ジュニア (Adelbert Ames, Jr.) の本に「はじめに」を書いたことであった。エイムズは心理光学の専門家で、個人が網膜に投影された像に意味を割り当てる過程について研究してきた。実験的な状況で、対象物の物理的特性をさまざまに変化させて、人が「見る」ものは、状況に対する思いこみや、その時の意図によって変わることを、エイムズは示した。後に過ちであることが明らかになる前提を基にして、このような実験的な状況で行動することで、認識も変化することも示した。

キャントリルはエイムズが示した知見は心理学にとって「もっとも意義がある」と考えた。というのも、「われわれの行動が欲求不満に陥ったり、目的が変わらない限り、効率的に行動するためにわれわれが決定するためには、認識、態度、先入観が重要であることを、単純かつ直接的な方法で確認したからである」。[*7]

これはキャントリルの経歴の転換点となり、エイムズとの協力関係は一九五五年のエイムズの死まで続いた。キャントリルとエイムズは非常に多くの日々、協力し、示された物を見るという「素朴な経験」と、個人が「見た」物に独特の意味を与えるという過程に対する概念的な定式化の間の溝を埋めようと努力した。さらに、プリンストン大学のキャントリルらの研究チームは、エイムズの最初の仕事を基にさらに研究を進め、さらに実験を続けていった。[*8]

認識とは、人間が環境と「相互作用している」というよりは、「取引している」過程であると、エイムズとキャントリルは理解していた。「相互作用（interaction）」は個人と環境の間に差があることを示唆するが、「取引、交流（transaction）」はその両者の間に障壁がないことを強調している。認識に対する「取引」のアプローチは、個人と環境が完全に相互依存的であると想定する。人間の感覚を通じて意味が付与されなければ、認識された環境は存在し得ない。そして、環境の中で行動したり、目的を共有する他者の経験から学んだりするという過去の体験がなければ、人間の感覚もその

＊5――ハドリー・キャントリル著『社会運動の心理学』（Transaction Publishersより初版が一九四一年に、二〇〇二年に再版が出版されている）p.19、とくに第一～三章で解説されている「基本概念」を参照。

＊6――ハドリー・キャントリルと研究助手らによる『世論調査（Gauging Public Opinion）』（Princeton, NJ: Rutgers University Press, 1944）の第一三章と第一六章参照。

＊7――『アデルバート・エイムズ・ジュニアの死を悼む』（Hadley Cantril（ed.）: The Morning Notes of Adelbert Ames, Jr. New Brunswick, NJ: Rutgers University Press, 1960）のキャントリルの「序」（vi-vii）より引用。

＊8――この研究の詳細については以下の文献を参照されたい。Hadley Cantril: The "Why" of Man's Experience. New York: Macmillan, 1950. William H. Ittelson: The Ames Demonstrations in Perception. New York: Hafner Publishing, 1968. Franklin P. Kilpatrick (ed.): Explorations in Transactional Psychology. New York: New York University Press, 1961.

基礎を持ち得ない。

換言すると、キャントリルは一九五五年に次のように記述している。「われわれが外界にある『事象』に付与する特性は……われわれの経験の中で築き上げてきた意味を持つ」。この意味は、事物、出会った人々、自分自身の行動、出来事の結果、多くの選択の手引きとなる価値などと関連している。*9

交流心理学（transactional psychology）と、一九三八年にキャントリルが被暗示性の四種の異なる理由についての記述の間に、驚くべき一貫性がある。被暗示性とは、耳にしたものを無批判に受け取っていたということである。一九六〇年代半ばにキャントリルが本の欄外に記したメモを比較しても、この点が明らかである。

最初の本に記述されているように、ある人は被暗示性が高いという第一の理由は、彼らが「その出来事に適切に見合う判断基準を有していて、明らかではない期待に沿うようになっていた」からである［二一一頁］。ここで挙げられているのは次のような二つの状況である。信仰心の篤い人々の中には、「神の行い」であると考えたため、火星人の侵略はいかにもあり得ると考えた者もいれば、外部の力の侵略を長期にわたって怖れてきた者もいた。交流心理学の考えに沿って、キャントリルは一九六〇年代半ばにはこの状況について、ウェルズの放送は「すでにその際の思いこみに一致して、解釈された」のだと述べている。

彼が被暗示性についての考えを改訂した第二の理由も同様である。「確認するための信頼できる情報源と信頼できない情報源の差を識別する判断基準を持っていなかった」ために、あの放送を信じた人がいたと、最初の版は述べている［二一一頁］。どのように放送を理解したらよいかわからず、不確かな情報に手がかりを求めようとしたり（たとえば、報告された出来事について自分と同様に不確かな近所の人に情報を求めたり)、信頼できる情報をどこに求めたらよいかわからなかった人がいるというのがキャントリルの意見である。一九六〇年代のキャントリルの欄外のメモには、この条件を「今は意味がない。知りたいと思うが、信頼できるように確認する方法を知らない」出来事とふたたび記されている。

被暗示性についての第三と第四の理由は、キャントリルの欄外のメモには「付与された意味を無批判に受け入れる」こととまとめられている。最初の版では、第三の理由として「彼らには独自の判断基準がなかったために、その出来事を『傍観している者』と『信頼に足るとされるラジオ』による解釈を受け入れて、出来事を解釈するという何らかの判断基準が必要であると感じた」という〔二一一頁〕。第四の理由は、第三の例の極端な形であった。

九・一一以後の環境に生きる現代の読者の疑問は、ウェルズの放送がもたらした心理的状況とパニックは一九三八年の状況に特異なものであったのか、それとも今もふたたび生じる可能性があるだろうかというものである。この疑問に対してキャントリルがどのように答えるかはわからない。しかし、本書の一九六六年版の序で、キャントリルはこの種のパニックが起きる可能性は今もあると考えていた。テレビの出現などの緩和要因があるものの、当時、ソ連と米国が互いに破壊しあう力

＊9――次の文献を参照せよ。Hadley Cantril: Toward a Humanistic Psychology. ETC: A Review of General Semantics, 12:4 (Summer 1955), Jordan Scher (ed.) Theories of the Mind. New York: Free Press, 1952. 中のA Transactional Inquiry Concerning Mind. どちらも、Albert H. Cantril (ed.): Psychology, Humanism, and Scientific Inquiry: The Selected Essays of Hadley Cantril. New Brunswick, NJ: Transaction Publishers, 1988. の第六章と第一二章に再掲載されている。

を持ち、核のバランスの不確実性によって、緩和要因は相殺されてしまうと彼は考えていた。

火星人の侵略の新聞記事ではなく、ロボットが火星に着陸したという出来事が二四時間のニュースやインターネットを通じて全世界に広がるということを、今ならば、キャントリルはどのように考えるだろうか？　全世界的な情報社会にほとんどの人々が暮らしているという事実は、一九三八年に放送された番組に対するような極端な反応を起こす怖れはないと断言できるだろうか？

より多くの情報とは、よりよい情報やより情報を持った大衆という意味ではかならずしもない。ヘンドリック・ハーツバーグ（Hendrick Hertberg）は現代のテレビ視聴者の極度の注意散漫について記述している。その結果、四六時中、つねに新たな情報や映像を流し、テレビ画面の下部にはまるで無関係な出来事の表示が次々に現れる。*10 交流の視点からとらえると、個人の課題はやはりニュースの項目に「意味を付与」することであるのだが、事件の進展について慎重な報道に曝されているという環境では非常に複雑になっている。

このような状況において、自分自身の前提や、一体何が起きているのかを理解するのに自分にとって重要な他者の経験を頼りにするしかない。混雑した劇場の中で「火事だ」と聞こえてきたら、どのような行動をとるべきかはっきりしている。しかし、手にした情報にどのような意味を付与するのかを判断するのが難しいような緊急時には何が起きるのだろうか？　本書の終わり近くで、キャントリルは「ウェルズの放送が引き起こした極端な行動……火星人の侵略の結果を和らげたり、コントロールしたりすることが、個人ではまったく不可能であった」と記述している［二一五頁］。あるいは、一九六〇年代の欄外のメモに記されているように、個人には「効果的な行動を起こすもとになる前提が何もなかった」。

コントロールされていないにしても、脅威に満ちた状況が詳しくモニターされていることを人々に保証するうえで、包括的な報道は重要な役割を果たすことができる。たとえば、九・一一米国同時多発テロの一カ月後、米国上院議員事務所に炭疽菌が送られてきたという報道についての一般の人々の反応を見てみよう。この問題はいくつかの事務所に限られたものであり、首都の他の地域については集中的な検査が実施されていると、すぐに報道された。二〇〇三年八月に史上最悪の停電が生じた際にも、同様の包括的な報道なされて、問題のある送電線の特定の位置が伝えられて、テロリストの陰謀であるという恐怖を取り除いた。どちらの場合も、出来事について最初に感じた極端な脅威を克服することができた。

人々が脅威の可能性を封じこめられたという保証を受け入れることができないと、問題が生じる。自分の聞いたことが信じられるのか、そうでないのかをただちに判断しなければならないかもしれない。一九三八年のような不確かな情報に基づいてパニックが起きる可能性は、何らかの意味で、遭遇した状況に関連のある前提や判断基準があれば、大いに減らされるだろう。

信頼できる情報を提供するとともに、情報によってかえって深刻な問題が存在するという信憑性を増すような可能性をできる限り小さくするという大きな責任が指導者やメディアにはある。政府やメディアからの情報に対して、一般の人々がある程度懐疑的になるというのはよいことである。しかし、微妙なバランスが存在し、政府やニュース源についての完全な不信は、過剰な信頼と同様に有害である。というのも、どちらも個人があり得ることとあり得ないことを識別するのを助けるこ

＊10——Hendrick Hertberg: The Talk of the Town. New Yorker, October 29, 2001.

とにならないからである。十分な情報を得たうえでの懐疑的な態度こそが必要とされている。『火星からの侵略』の結論として、人々が重要な決断を下すことを手助けし、緊急事態と思われる出来事を整理できるようにする教育の重要性について、キャントリルは注意を喚起した。

アルバート・H・キャントリル*11

二〇〇五年二月
ワシントンDCにて

私の妻スーザン・デービス・キャントリルと同僚たちに対して、私がこの序の概念や草稿をまとめるにあたって大いに協力してくれたことに深謝する。

*11——訳者注　アルバート・H・キャントリルは、『火星からの侵略』の原著者ハドリー・キャントリルの息子で、世論分析の専門家であり、リンドン・B・ジョンソン政権下でホワイトハウスのスタッフとして働き、その後、国務省の東アジア・太平洋局に勤務した。

一九六六年版の序

一九三八年のハロウィーンの晩に、オーソン・ウェルズはマーキュリー劇場というラジオ番組で、H・G・ウェルズの空想科学小説『宇宙戦争』(The War of the Worlds)を基にラジオドラマを実にありありと、いかにも現実の出来事のように放送した。その結果、少なくとも百万人の米国人が恐怖に駆られ、数千人がパニックに陥った。本書で報告する研究は、この放送直後に開始されて、何が集団行動の主な心理的理由と考えられるかを探るために、人々の反応について調査した。『火星からの侵略』を一九四〇年に出版して以来、同様のことがふたたび起きる可能性があるだろうかと、私はしばしば質問された。質問をしてくる人は、私たちが今ではもう少し洗練されていて、このような非現実的なことに圧倒されたりしないだろうと示唆するのが普通である。残念ながら、もちろんこのようなことは今日でも、そしてより大規模にふたたび起こり得ると、私はつねに答えなければならなかった。

近年起きた最大のパニックに関する本研究では、個別の空想科学小説に関連した、ある特定の時代や場所についてだけを対象にしているのではない。それとは正反対で、高度の被暗示性という次元によってもたらされたある種の状況が人間の行動を引き起こしたというエピソードを本書は取り扱っている。このようなパターンが現在ではまったく存在しないというのではけっしてなく、むしろ新たな、そして異なる内容を含むようになってきている。一九三八年のハロウィーンの大騒動以来、原子爆弾が開発されて、現実に使用された。大陸間弾道弾も存在し、私たちはその巨大な破壊力についても知っている。小さな地球を回っている衛星が核弾頭を運び、地球上のいかなる目標もただちに攻撃できるといった話も耳にする。ほとんど防衛の手段がなさそうに思われるこのような破壊力に対して、火星人の侵略よりもはるかに強い妄想が生じる可能性があり、それが起きるにはH・G・ウェルズとオーソン・ウェルズの才能が組み合わさるまでもない。

このような状況のごく小さな一例として、一九六五年一一月に米国北東部で起きた大停電があった。数百万人が突然暗闇の中に放りだされ、多くの人々が孤立した場所、地下鉄やエレベーターの中に閉じこめられた。大きなパニックは生じなかったものの、三千万人近くの人々が、最初の数分間、大陸間弾道弾などによる停電ではないのかと不安になり、そして停電後に大規模な破壊が生じるのではないかと恐怖に駆られた。

しかし、現代のパニック状況ならば、拡大しつつある恐怖を鎮め、不安に対処するのに役立つような緩和要因がいくつかあるのだが、一九三八年にはそれらは望むべくもなかった。たとえば、テレビである。恐怖に圧倒されたラジオ聴取者の想像の中で膨らんでいった光景や、放送で描写されたすべての状況を、適切に伝えることは一九三八年当時ほとんどできなかった。さらに、オーソン・ウェルズの演技とその余波を考えると、米国の主要なネットワークのすべてはこの種の状況を二度と起こさないようにすることに強い責任を感じた。しかし、世界の多くの地域では、今もマスコミュニケーションのコントロールについて公共の責任がそれほど強くはないかもしれないし、ニュースや情報をラジオ放送だけに頼っている地域も多く、そのような地域では偶然あるいは意図的に現代でも同様の恐怖が引き起こされる可能性がある。

地下壕が具体的にどこにあるかを学ぶといった、危機対処のための公教育もいくつか実施されてきた。しかし、核攻撃をきっかけとして起きる停電、爆発、火事、噴火、他の自然災害のために、混乱やその後のパニックが生じる可能性について、責任ある権威者たちはつねに留意し、準備をしていたのは明らかである。

本書で報告するパニックは、けっして起きてほしくはないと願うことしかできない状況について、私が研究する機会となった。しかし、どのような災害が生じたとしても、恐怖やパニックの原因について研究し、恐怖を和らげるより確実な方法を開発し、近い将来起こり得る緊急事態に効果的に対処できるように人々を教育できるように、可能な限り多くの研究者たちが、ただちにそして系統的に災害をフォローアップする訓練を受けられるようにすべきである。

ハドリー・キャントリル

一九六六年九月
ニュージャージー州プリンストンにて

一九四〇年版の序

一九三八年一〇月三〇日夜、火星人が侵略し、全文明が危機に陥る可能性があるという放送を聴いて、多くの米国人がパニックに陥った。これほど多くの人々が、全国の全地域で突然、強烈に動揺をきたしたことは、おそらくこの夜がはじめてのことであった。しかし、結局、この現象は一時的なものであり、歴史家が記録するほど重要ではないパニックについて、詳細な研究を実施する正当な理由はあるだろうか？

本研究を正当化するのには本質的に二つの理由がある。第一に科学的な研究であることを望むとともに、第二に、率直に言って教育的な意味があることである。

このような稀な出来事は、社会科学者が集団行動を研究するには絶好の機会となる。このような事態が生じたら、それについて深く調査すべきである。社会科学者は残念ながらこのような状況を一般的には予測できず、まだ実際に起きていない段階では現象を分析する調査方法を持ち得ないのだが、危機の影響が過ぎ去り、記憶が薄れないうちに、調査を始めることはできる。著者の知る限りでは、これは現在入手可能な研究手法で慎重に調査された最初のパニックである。パニックについてのこの完全な記録自体が、社会問題に関心のあるすべての人にとって価値があるはずだ。

さらに、一九三八年に広範囲に及んだパニックの根源的な心理的原因を探ろうとする試みは、一般の人々の心理、より正確にはこの時代の人間の心理を深く理解する一助となるはずである。こう考えると、本調査はパニックの研究以上のものであるととらえることもできるだろう。ウェルズの放送によって生じた状況は、一般の人々がストレスや緊張に曝された時にどのように反応するかを示している。これはその知能、不安、欲求についての洞察をもたらしてくれるが、これらは試験や厳密な実験研究ではけっして得られない。われわれが調査したパニック状況は、日常生活の全側面を示しているが、同時に、研究のための半実験的な条件も備えている。社会心理学の研究者はここで有用な調査手法を手にしている。彼らは用いられた手法の短所に気づいて、筆者のどのような失敗からも教訓を得られるはずである。

この種の研究を正当化するのは、このようなパニックを理解するという教育的な意味合いである。一般市民は、パニックを引き起こす可能性のある状況に日々直面している訳ではないのだが、その良識的な判断が制限されるような社会的、個人的な危機に直面することがある。このような状況に対してなぜ知的に反応できない人がいたのかを理解することができれば、同様の出来事が生じた場合の抵抗力を増すことができるだろう。そして、実際に非常に危険な状況に追いこまれたら、本書に記録されている情報は、より満足すべき適応の手助けになるかもしれない。「すべての知的な人々がチャーリー・マッカーシー[*12]の発言を信じると、パニックが引き起こされるという好例である」と、ある高名な社会科学者が述べているが、少なくとも、これがいかに浅薄で、誤解を招きやすいかは明らかになるだろう。この特定のパニックに独特の状況が生じていたとしても、著者は本研究を通じて、心理学的視点からこの状況のパターンを探り、どのようなパニックにおいても認められる原型を探ろうとしてきた。

船舶、火災時の混雑したビル、あるいは自然災害に襲われた特定の地域といった、限局性のパニックについてはしばしば報告されるが、より広域に及ぶパニックは比較的稀である。しかし、一九三八年一〇月三〇日夜に米国で起きたようなパニックは、米国やその時代だけに限られたものではけっしてない。

財政危機や貿易不振の結果として起きるパニックは、おそらく商業の歴史とともに始まっていただろう。一八世紀以前では、このようなパニックが起きたのは一般的に、不作や政治的動乱などによる商品の供給不足が原因であった。経済が拡大した後の段階では、商品の過剰が、危機や貿易摩擦を引き起こし、数多くの一般の人々を巻きこんだ広範囲に及ぶ恐怖を引き起こしてきた。

宇宙戦争の放送以前に、非常によく似たパニックの先例が、英国で一九二六年一月一六日に起きた。それは、ゼネストが起きる直前の異常な労働争議の時期であった。その日、いつもは礼儀正しい英国人の聴取者は、（著名なニュースキャスターであった）ロナルド・ノックス（Ronald Knox）牧師が違法な失業者の群衆について放送していることに驚いた。群衆は議会を破壊しようとし、迫撃砲でビッグベンを倒壊させ、交通相を路面電車の標柱で縛り首にしたというのだ。このロンドンの放送は、BBC放送局が「破壊」されたことを告げて終了した。放送後、新聞社、警察、ラジオ局には半狂乱の一般市民からの電話が殺到した。しかし、ノックス牧師の放送が引き起こしたパニックは、オーソン・ウェルズの放送ほど広範囲に及ぶことはなく、恐怖もそれほど強くはなかった。

このパニックがラジオ放送の結果引き起こされたという事実は、現代の状況とはまったく異なっていた。現代の全国的・国際的出来事についてラジオ放送の重要性は広く認識されていて、詳しく語る必要はないだろう。まさにその本質として、ラジオは人々に広く、現在起きている出来事を報せて、恐怖や快感といった共通の感覚を呼び起こし、特定の対象に同種の反応を起こす。米国では三二〇〇万世帯で、二七五〇万台のラジオがあると推計されていたが、電話、自動車、下水道、電気、新聞、雑誌の率よりも高かった。ラジオには、すぐに情報が手に入り、個人的に訴え、幅広く行き渡っているという本質的な特徴がある。したがって、われわれがこのパニックを分析するにあたって、もっとも現代的な社会グループのタイプ、すなわちラジオ聴取者を調査することができる。彼らは、映画館に出かけるグループや新聞を読む社会グループとは異なる。ラジオ聴取者は数千もの小さなグループからなり、ある時間まとまって、共通の刺激を経験する。その結果、これまでに例のない非常に大きなグループを形成する。

問題の社会現象は非常に複雑であったので、さまざまな答えを得るためにいくつかの手法が用いられ、ある手法で得られた結果を、他の手法による結果と比較した。社会心理学のいかなる問題を分析するにも、このようなアプローチを取ることが助言できるだろう。さもなければ、研究者は自分が用いた手法では矛盾する証拠を示すことができないという理由のためだけで、その前提を「証明」できたと示すのが困難になる。さらに、研究者が肯定的な結論を下すことができなければ、その前提や理論が間違っているか、あるいは、手法に誤りがあるのか判定できない。このような研究において複数のアプローチを用いることがとくに重要であるのは、検討している現象が本質的にきわめて一過性であったからである。また、この問題について他には独自に広範囲に実施された調査

＊12――訳者注　シカゴ出身の腹話術師エドガー・バーゲンが使った人形の名がチャーリー・マッカーシーで、一九三〇年代～一九四〇年代に米国で絶大な人気を得た。

がなかったことがわかっているため、ある一連のデータや解釈をその他のものと照合することができなかった。

われわれの情報の多くは、一三五人との詳しい面接から抽出された。このような人々が百人以上選び出されたのは、彼らがウェルズの放送にとても狼狽したのがわかっていたからである。ほとんどが個別の調査や面接者の主導によって、放送で恐怖に駆られた人々の名前が得られた。恐怖に駆られたと新聞で報道された人で、面接に加えたのは、六名に満たなかった。研究資金に限りがなければ、実際にはこれ以上の人々を面接することができたかもしれない。全人口を公正に代表するような群とするように可能な限り試みた。しかし、この群が全人口の適切な標本を代表していると主張するつもりはないし、全研究の結果や解釈がこのような標本に完全に依るものでもない。というのも、これらの事例は、集中的な個人面接に先立って、二種の徹底的な統計学的調査の背景と比較検討することができるからである。放送を途中から聴き始めたが、その内容に驚かなかった二八名も面接された群に含まれていた。

研究予算と研究の質を監督するという理由から、面接が実施されたのはニュージャージー州地域に限られていた。被面接者の名前はすべて仮名であり、個人を同定する特徴は変更されているが、事例研究の真の雰囲気は保たれている。面接は、放送の約一週間後に始まり、約三週間で終了した。研究への参加に応じてくれた人々に残念ながら連絡が遅れたのは次の二つの理由からであった。（1）本研究を開始するための資金がすぐには得られなかった。（2）十分な研修を受けた面接者を用意するのが困難であり、面接を少し遅らせるほうが、技術が乏しい面接者からの不十分で、信頼性に欠ける報告を得るよりも、おそらく危険が低いと判断されたためである。

統計上の数字に示唆される心理的過程を表すために、面接からの引用は自由に用いられた。言葉が足りない時にも、面接の一部が引用され、引用から得られた印象がよく伝わった。

もちろんこの特定の研究の実施をあらかじめ考えてはいなかったため、プリンストン・ラジオ・プログラムの予算は全般的教育委員会からの特別資金を得て、本研究の実施が可能となった。本研究のほとんどの基礎となった面接は、ポール・トリリング、フランシス・ギネヴスキー、リチャード・ロビンソン、ディヴィッド・グリーン夫人が行った。著者は彼女たちの忠実な報告に深謝する。放送に恐怖を覚えた人々を探して、連絡を取るにあたって、グリーン夫人はとくに尽力と協力をしてくださった。

著者が放送に関連した資料を検証するうえで、オーソン・ウェルズとマーキュリー劇場はあらゆる点で協力を惜しまなかった。ハワード・コッチは彼のすばらしい脚本『宇宙戦争』をわれわれがはじめて出版する許可を与えてくれた。そして、原著者であるH・G・ウェルズは、脚本の使用を寛大にも許可してくれた。

CBSの研究部門長であり、プリンストン・ラジオ・プロジェクトの副部長でもあるフランク・スタントン（Frank Stanton）博士が研究の方法論について貴重な助言を与え、本書の草稿を慎重に読んで、意見をくださったことに深謝する。CBSは寛大にも、オリジナルの放送台本と、スタントン博士が監督し、実施した二つの特別調査の結果をわれわれに渡して下さった。

プリンストン・ラジオ・プロジェクトの研究助手ヘイゼル・ゴーデット（Hazel Gaudet）は責任をもって研究の実際の管理に携わってくれた。彼女は、面接に基づいた集計のほとんどを行っただけではなく、集計結果や面接記録に反映されたアイデアの多くは、彼女が著者に宛てた詳しいメモに記録されていた。彼女なしでは、最初から最後まで本計画は進まなかったと思われる。

ハータ・ハーゾッグ（Herta Herzog）は本研究の実施以前に、パニックについての独自の調査を行っていた。彼女は聴取者の試みた確認について初期研究を行い、本研究における面接計画を準備することができた。彼女の経験と洞察に基づいて、本研究は第八章で報告されている事例研究を分析した。

プリンストン・ラジオ・プロジェクト部長のポール・ラザースフェルト（Paul Lazarsfeld）博士にも大いに感謝する。博士は、分析や解釈について著者に数多くの示唆してくださっただけでなく、方法論について熱心かつ独創的に援助してくださり、著者に非常に貴重な知的経験を与えてくれた。博士の意見に従って、本研究は何度も再検討されて、その度に、統計や事例研究に隠れていた新たな情報が明らかにされた。

著者は本書の全体についてマッァファー・シェリフ（Muzafer Sherif）に十分に感謝の念を伝えることができないほどである。社会心理学者たちは、本研究の全般的な理論的枠組みは、シェリフの『Psychology of Social Norms（社会規範の心理学）』の系統的輪郭を詳述したものであると気づくだろう。

ゴードン・オールポート（Gordon Allport）、ロイド・フリー（Lloyd Free）、ダニエル・キャッツ（Daniel Katz）は皆、本研究のある段階で草稿に目を通して、貴重な意見を与えてくださった。プリンストン大学出版のジョセフ・ブラント（Joseph Brandt）とデイタス・スミス（Datus Smith）は、学者ではない一般読者のために、本書を読みやすく、興味深いものにしてくれた。ジャック・ピータマン（Jack Peterman）は根気強く表を作成し、キャロリン・テイラー（Carolyn Taylor）とローズ・コーン（Rose Kohn）はメモや草稿の整理に尽力してくれた。

とても信じられなかった

Incredible As It May Seem

1 放送

一九三八年一〇月三〇日米国東部標準時午後八時、オーソン・ウェルズと俳優数名がCBSのニューヨークのスタジオでマイクの前に陣取った。オーソン・ウェルズが手にしていた台本は、H・G・ウェルズ原作の空想科学小説『宇宙戦争』を基に、ハワード・コッチが創りあげたものであった。オーソン・ウェルズは彼の非凡な演劇の才能を放送劇に持ちこんだ。素晴らしい台本と才能でもって、まさにハロウィーンにふさわしい、とても信じられない、古風なストーリーで聴取者を一時間魅了することを、俳優たちは願った。

後に、全国で数千人の人々が火星人の侵略を信じたという新聞記事を読んで、俳優たちはひどく驚いた。殺人光線で武装した恐るべき怪物が、防衛のために送られた軍隊を全滅させたという、この惨事から逃れる道はない、世界の終わりが近づいていると、メイン州からカリフォルニア州までの人々が数時間考えていたのだ。翌朝の新聞は「恐怖の津波が全米を覆いつくした」と報じた。全国的な規模のパニックが起きたことは明らかだった。連邦通信委員会委員長は、この放送を「遺憾である」と述べた。

俳優たちは放送中にどのようなことを伝えていたのだろうか？　どれほどひどい話を放送したのだろうか？　マーキュリー劇場、CBS、H・G・ウェルズの許可を得て、ラジオ劇の台本全体をはじめて印刷することが可能になった。

CBS――オーソン・ウェルズのマーキュリー劇場
一九三八年一〇月三〇日
午後八時〜九時

キュー　（CBS）
（……三〇秒間……）
アナウンサー　CBSと提携の放送局がお送りするオーソン・ウェルズのマーキュリー劇場、今晩はH・G・ウェルズ原作『宇宙戦争』です。
テーマ曲
アナウンサー　皆さん、マーキュリー劇場の支配人であり、放送の花形オーソン・ウェルズです……。
オーソン・ウェルズ　二〇世紀初頭、人間よりも偉大な知的生命体が地球を詳しく観察していたことに、私たちは今気づく。人間がさまざまな心配にかまけている間、一滴の水の中で誕生し、増殖する儚《はかな》い生物を顕微鏡で観察するように、人間は精査され、研究されていたことを、私たちは今気づく。些細な出来事についてあれこれと心配しながらも、人間は地球上をあちこち無頓着に動き回り、時間と宇宙という暗黒の神秘から人間が偶然あるいは意図して受け継いだ太陽系を周回する流木のようなこの地球を支配していると安心しきっている。しかし、広大な天空の深淵の向こうに、人間と同じような心を持ちながらも密林の野獣のような、巨大で、冷淡で、非情な知的生命体がこの地球を妬みながら見つめ、徐々に、そして確実に私たちに対する計画を練ってきた。二〇世紀の三九番目の年に、私たちは現実を目の当たりにした。

（それは一〇月の終わりに近かった。経済は順調だった。戦争の恐怖も去った。男たちは元の仕事に戻っていた。商売も順調だった。一〇月三〇日のこの晩、三二〇〇万人がラジオを聴いていたと、クロスリー・サービス社は推計した）

アナウンサーのキュー　今後二四時間、気温はあまり変化しないでしょう。カナダのノバスコシア州に原因不明のわずかな気候変化が報告され、低気圧が米国北東部の州に素早く降りてきて、若干の強風を伴う雨の予報が出ています。最高気温華氏六六度、最低気温華氏四八度です。天気予報は政府測候所によるものです。

さて、これから皆さんをニューヨークのダウンタウンにあるパークプラザホテルのメリディアンルームにお連れします。ラモン・ラクエロ楽団の音楽をお楽しみください。

（スペイン風のテーマ曲……徐々に音が小さくなっていく）

アナウンサー3　みなさん、こんばんは。ニューヨーク市のパークプラザホテルのメリディアンルームから、ラモン・ラクエロ楽団の音楽をお届けします。まずスペイン風の「ラ・クンパルシータ」から始めます。

（演奏が始まる、そして中断）

アナウンサー2　皆さん、ここでダンス音楽の番組を中断して、インターコンチネンタル・ラジオニュースから緊急情報をお伝えします。中部標準時午後七時四〇分に、白熱光を発するガスの爆発が定期的な間隔で数回火星上に認められたと、イリノイ州シカゴのマウント・ジェニングズ天文台のファーレル教授が報告しました。

分光器によるとガスは水素で、超高速度で地球に向って移動しています。プリンストン大学天文台のピアソン教授はファーレル教授の報告を確認し、その現象を「青色の炎のジェットが銃から発射されたように見える」と述べています。では、ふたたびラモン・ラクエロ楽団の音楽に戻ります。ニューヨークのダウンタウンに位置するパークプラザホテルのメリディアンルームからの演奏です。

(演奏がしばらく続く……拍手の音)

次は、いつまでもその魅力を失わない、永遠の名曲「スターダスト」です。ラモン・ラクエロ楽団です……。

(音楽)

アナウンサー2　皆さん、つい先ほどお伝えした特別ニュースの後、気象庁は、全国の主要な天文台に火星に生じている異常の進展について引き続き観測を続けるように指示を出しました。この異常な事象について、高名な天文学者であるピアソン教授のインタビューをお伝えすることになりました。教授がこの出来事について見解をお話くださいます。数分後にニュージャージー州プリンストンのプリンストン大学天文台から中継します。インタビューの後で、ラモン・ラクエロ楽団の音楽に戻ります。

(音楽……)

アナウンサー2　では、プリンストン大学天文台につなぎます。CBSコメンテーターのカール・フィリップスが、高名な天文学者であるリチャード・ピアソン教授に伺います。では、ニュージャージー州、プリンストンです。

（効果音）

フィリップス　皆さん、こんばんは。プリンストン大学天文台から中継しますカール・フィリップスです。私は今、大きな半球形の部屋の中に立っていて、そこは真っ暗で、天井に長方形の窓が開いています。私はその窓を通じて星のきらめきを眺めることができますが、これは巨大な望遠鏡の複雑な機能を通すと、まるで霜が増殖しているかのように見えます。カチカチという音が聞こえるでしょうが、自動操縦の振動によるものです。ピアソン教授は私の真上の小さな台に立って、巨大なレンズを覗《のぞ》きこんでいます。どうぞ皆さん、インタビューに多少の遅れが出るかもしれませんが、ご容赦ください。宇宙を絶え間なく観察していましたが、電話か他の通信のために、ピアソン教授の活動が中断されるかもしれません。この間、教授は世界中の天文台とつねに連絡を取っています。……教授、質問を始めてもよろしいでしょうか？

ピアソン　いつでもどうぞ、フィリップスさん。

フィリップス　教授、望遠鏡で火星を観察して何が見えたのか、ラジオをお聴きの皆さんに話してください。

ピアソン　今のところ何ら異常はありません、フィリップスさん。青い宇宙に赤い球体が浮かんでいます。火星を横断する縞模様があります。とてもはっきりと見えるのは、今、地球にもっとも近い位置にあるからです。火星が地球に対して太陽の反対の位置にあるということです。

フィリップス　ピアソン教授、先生のご意見では、その横の縞はどのような意味があるのでしょうか？

ピアソン　よく火星人が住んでいるなどと想像されていますが、運河でないことは保証しますよ、フィリップスさん。科学的な視点からは、その縞は火星に特有な大気の状態の結果に過ぎません。

フィリップス　それでは、私たちが知っているような知的生命体は火星には存在しないと、先生は科学者として信じているということでしょうか？

ピアソン　存在する確率は一〇〇〇分の一と言っておきましょう。

フィリップス　それでは、定期的に火星の表面で起きているガス爆発はどのように説明できるのでしょうか？

ピアソン　フィリップスさん、私にはその説明はできません。

フィリップス　ところで、教授、ラジオをお聞きの皆さんのために、火星が地球からどのくらい離れているのか教えてください。

ピアソン　およそ四〇〇〇万マイルです。

フィリップス　ああ、それならば十分安全な距離のように思えます。

フィリップス　皆さん、ちょっとお待ちください。誰かがピアソン教授にたった今メモを渡しました。教授がメモに目を通している間、もう一度、ニュージャージー州のプリンストン天文台から放送していることをお伝えします。ここで、世界的に有名な天文学者のピアソン教授にインタビューしています。ちょっとお待ちください。教授はたった今受け取ったメモを私に渡してくださいました。……教授、このメモをラジオをお聴きの皆さんに読み上げてもよろしいでしょうか？

ピアソン　もちろんですよ、フィリップスさん。

フィリップス　皆さん、ニューヨークの国立歴史博物館のグレイ博士からピアソン教授に届いた電報を読み上げます。「東部標準時午後九時一五分。地震計がプリンストンの半径二〇マイルで、地震に近い強さの振動を観測した。署名——天文学部主任ロイド・グレイ」……ピアソン教授、この事象はおそらく火星で観測された異常と何らかの関係があるのでしょうか？

ピアソン　まず関係はないでしょう、フィリップスさん。これはおそらく異常な大きさの隕石であって、この時間に衝突したのは単なる偶然でしょう。しかし、夜明けとともにできるだけ早く調査を開始すべきです。

フィリップス　ありがとうございました、教授。皆さん、この一〇分間、プリンストン大学天文台から、高名な天文学者であるピアソン教授との特別インタビューを、お届けしました。カール・フィリップスでした。ニューヨークのスタジオにお返しします。

（徐々にピアノ演奏に変わっていく）

アナウンサー2　皆さん、カナダのトロントのインターコンチネンタル・ラジオニュースから最新情報があります。マクミラン大学のモース教授は、東部標準時間午後七時四五分から午後九時二〇分の間に、火星の表面で計三回の爆発を観察したと報告しました。これはすでに米国によって報告されている観察を確認したことになります。次に、ニュージャージー州トレントンのここから近い家から特別な報せがあります。午後八時五〇分に、トレントンから二二マイル離れたニュージャージー州グローバーズミル近郊の農家に、巨大な、火を噴く物体が落ち、おそらく隕石だろうと報告されています。半径数百マイルの範囲で空に閃光を認め、激突音は遠くエリザベスからも聞こえました。
すでに移動放送チームを現地に派遣し、わが社のリポーターのフィリップスがプリンストンから現地に到着し次第、様子を報告します。しばらくの間、皆さんをブルックリンのマーティネットホテルにお連れして、ボビー・ミレット楽団によるダンス音楽をお届けします。
（二〇秒間スイング音楽……カット）
アナウンサー2　ニュージャージー州グローバーズミルです。
（群衆の雑音……パトカーのサイレン）
フィリップス　ふたたびカール・フィリップスがニュージャージー州グローバーズミルのウイルマス農場から中継しています。ピアソン教授と私はプリンストンから一一マイル離れたここまで一〇分かけて到着しました。さて、私はどこから始めたらよいかよくわかりません。私の目の前に広がっている奇妙な光景を表す言葉を探していますが、アラビアンナイトが突然現代によみがえったような光景と言いましょうか。私はまだここに到着したばかりです。辺りをよく見回す機会がありません。そのようなところです。私の目の前にある物体は大きな窪みの中に半分埋まっています。とてつもない衝撃で激突したに違いありません。墜落の際に倒した木の破片で地面は覆われています。私が目にしている物体は隕石のようには見えません。少なくとも私がこれまでに見たことがある隕石ではありません。それは巨大な円柱形の物体に見えます。その直径は……。ピアソン教授、どのくらいでしょうか？
ピアソン　およそ三〇ヤード。
フィリップス　およそ三〇ヤード……外装の金属は……私はこのようなものを見たことがありませ

ん。その色は黄白色のようなものです。警察が必死に制止していますが、やじ馬がその物体に近づこうとしています。彼らは私よりも前方に進んでいきます。すみません、こちらの一方に立ってくださいませんか。
警察官　こちら側だけ、そう、こちら側だけです。
フィリップス　警察官が群衆を押し戻しているところですが、こちらにこの農場主のウイルマスさんがいらっしゃいます。何か興味深い事実を付け加えてくださるかもしれません。ウイルマスさん、あなたの裏庭に墜落した不思議な訪問者について、覚えている限りのことをラジオをお聴きの皆さんに話してください。もっと近くに寄ってください。みなさん、ウイルマスさんです。
ウイルマス　儂《わし》はラジオを聞いていた。
フィリップス　マイクに近づいて、大きな声でお願いします。
ウイルマス　え、何だって？
フィリップス　大きな声でお願いします、マイクに近づいてください。
ウイルマス　わかった。儂はラジオを聞きながら、ウトウトしていたら、教授とかが火星について話していた。儂は半分居眠りをしながら、半分……。
フィリップス　ウイルマスさん、それで何が起きたのですか？
ウイルマス　儂が言ったように、ラジオをぼんやり聞いていた……。
フィリップス　そうですね、ウイルマスさん、そこであなたは何かを見ましたか？
ウイルマス　最初からは見ていない。何かの音を聞いたんだ。
フィリップス　何の音でしたか？

ウイルマス　シュルシュルシュルシュルといった軋むような音だ。独立記念日の花火のような音だった。
フィリップス　それから何が？
ウイルマス　窓から頭を出したが、眠って、夢でも見ているのかと思った。
フィリップス　それから？
ウイルマス　緑色っぽい炎のようなものが見えたと思ったら、突然、ドカーンだ。何かが地面に激突した。儂は椅子から転がり落ちた。
フィリップス　怖ろしかったですか、ウイルマスさん？
ウイルマス　さて、どうだったかな。なんだかイラっとした気がしたよ。
フィリップス　ありがとうございました、ウイルマスさん。ありがとう。
ウイルマス　もっと何か聞きたいかい？
フィリップス　どうも……十分お話しいただきました。
フィリップス　皆さん、農場主のウイルマスさんのお話を伺いました。現地の雰囲気……この事件の背景……驚くべき光景をお伝えできたでしょうか。数百台もの自動車が私たちの後ろの野原に駐車しています。警察が道路から農場に通じる道に立ち入り禁止のロープを張っています。多くの人々が農場に立ち入っています。自動車のヘッドライトが、その物体が半分埋まった所に強い光を当てています。現場に近寄ろうとするむこうみずな人もいます。彼らの影が、光り輝く金属に映し出されています。
（微《かす》かな雑音）
ひとりの男性がその物体に触れようとしています……警察官と口論になっています。その男性はようやく警察官の制止に応じました。……皆さん、この騒ぎの中で私がこれまでにお伝えしていなかったことがありましたが、それが段々とはっきりしてきました。おそらく、皆さんもすでにラジオで気づいていたかもしれません。耳を澄ましてください。(長い沈黙)……聞こえますか？　何か不思議な雑音がこの物体の中から出ているようです。(沈黙)私たちはその物体から二五フィートも離れていません。皆さん、これが聞こえますか？　ピアソン教授？

ピアソン　はい、フィリップスさん？

フィリップス　この物体の内部から出ている擦過音が何であるか説明してくださいますか？

ピアソン　おそらく表面を不均等に冷却しているのでしょう。

フィリップス　教授、この物体を今も隕石だと考えていますか？

ピアソン　どう考えたらよいのかわかりません。この金属体は明らかに地球外のものであり……地球上にはありません。一般に、大気との衝突によって、隕石の表面には無数の穴ができます。ご覧のように、この物体の表面は滑らかで、円柱形をしています。

フィリップス　ちょっとお待ちください。何かが起きています！　皆さん、大変です！　物体の端が剥がれ落ち始めました。その先端がスクリューのように回転し始めました！　物体は空洞のようです。

人々の声

動き出した！

あの物体の螺子《ねじ》が外れた。

下がれ！　下がれと言っているんだ。

おそらくあの中に人間がいて、逃げようとしている。
真っ赤に焼けていて、そのうち黒焦げになる。
下がれ！　この馬鹿ども、下がれ！
（墜落した巨大な金属から突然衝突音が起きる）

人々の声
宙に浮くぞ！　先端が解き放たれた！
あそこを見ろ！　下がれ！

フィリップス　皆さん、これは私が今まで目撃してきたことの中でもっとも恐ろしいことです……ちょっと待ってください。誰かがこの物体の先端から這い出してきます。誰か……それとも何かが。暗い穴から光り輝くふたつの円形がこちらを覗いています……眼でしょうか？　顔かもしれません。あるいは……。

（群衆の中から叫び声が上がる。）

何てことでしょう、白蛇のような影から何かがのたうちまわって、出てきます。またもうひとつ、そしてまたもうひとつ。私には触手のように見えます。今度は、その胴体が見えます。熊くらいの大きさで、湿った皮のような光沢があります。でも、その顔といったら……表現できません。とても見つめ続けることができません。その眼は黒く、蛇のように輝いています。口はV字形で、振動しているような縁のない唇から唾液が垂れています。モンスターというか、何と呼ぶべきかわかりませんが、ほとんど動けないようです。重力か何か……のために自らの身体をあまりにも重く感じているようです。この物体が立ち上がります。群衆は後ろに引き下がります。もう十分に見たのでしょう。これほど奇妙な経験はありません。私は言葉が見つかりません。……中継中に私はマイクロフォンを必死で握っています。新たな位置を確保するまでは、中継を中断する必要があります。すぐに中継を再開しますので、しばらくお待ちください。

（声が小さくなり、ピアノ演奏に変わっていく）

アナウンサー2　ニュージャージー州グローバーズミルのウイルマス農場での出来事について目撃情報をお伝えしています。

（さらにピアノ演奏）

さて、グローバーズミルのカール・フィリップスに戻ります。

フィリップス　皆さん（私の声が聞こえていますか？）。皆さん、私は今、ウイルマスさんの庭に隣り合う石壁の影にいます。こちらからはすべての光景がよく見えます。できる限り詳しく皆さんにお伝えしようと思います。私が目にする限りです。州警察が続々と集結しています。現場の前に非常線を張っています。全部でおよそ三〇人です。もはや群衆を押し下げる必要はありません。彼らは自ら後ろに下がって、距離を置こうとしています。警部が誰かと話しあっています。それが誰かわかりません。あ、ピアソン教授のようです。はい、教授です。ふたりは別れました。教授は一方に回り、物体を調査し、警部と二名の警察官は手に何かを持って進んでいきます。それが何かやっとわかりました。それは白いハンカチで、ポールに結びつけられました。……休戦を示す旗です。あの生物たちにその意味がわかるならば……他にどのような意味があるというのでしょうか……待ってください！　何かが起きています！

（小さな雑音の後に擦過音が続き、徐々にそれが強くなる。）

瘤《こぶ》のような形をしたものが、窪みから出てきます。鏡に当たった小さな光線が見えます。これは何でしょうか？　鏡から炎がジェット状に噴き出しています。神様、男たちは火に包まれています。

（叫び声、この世のものとは思えない絶叫）

今や見渡す限りが火に包まれています。（爆発音）森……納屋……自動車のガソリンタンク……火は至る所に広がっています。こちらにも燃え広がってきます。私からおよそ二〇ヤードほどです……。

（マイクロホンの砕ける音……まったくの沈黙……）

アナウンサー2　皆さん、コントロール不能の状況となり、グローバーズミルからの放送を続けられません。野外実況中継に何らかの問題が生じたことは明らかです。しかし、可能な限り早く中継を再開します。しばらくの間、カリフォルニア州サンディエゴから新たな情報をお伝えします。インデルコッファー教授は、カリフォルニア天文学会の夕食会において、火星の表面における爆発は、大規模な火山の爆発以外の何物でもないことは疑いないとの意見を表明しました。さて、ピアノ間奏曲をお届けします。

（ピアノ演奏……カット）

皆さん、グローバーズミルからたった今、電話で届いたメモがあります。ちょっとお待ちください。州兵六人を含む、少なくとも四〇人がグローバーズミル村の東の草原で死亡しました。その遺体は焼け焦げて、確認が難しいほどに損壊しています。次の声は、ニュージャージー州トレントンに展開している州兵部隊の指揮官モンゴメリー・スミス准将です。

スミス　私はニュージャージー州知事より、マーサー郡とミドルセックス郡から、西はプリンストン郡、東はジェイムズバーグ郡まで戒厳令を敷くように指示されました。州あるいは軍当局から発行された特別な通行証がなければ、この地域に入ることは許されません。州兵の四中隊が、トレントンからグローバーズミルに進出中であり、軍事行動の範囲内の住民の避難を助けます。以上です。

アナウンサー　トレントンの州兵の指揮官であるモンゴメリー・スミス准将でした。間もなく、グローバーズミルで起きた大惨事について詳しくお伝えします。奇妙な生物は、攻撃の結果、多数の死者を出した後は、金属の円柱の中に舞い戻り、消防士が遺体を収容したり、消火活動をすることへの妨害はしていません。火が拡大する恐れがあるため、マーサー郡の消防本部は協力して消火活動を続けています。

グローバーズミルの実況中継チームとは連絡が取れなくなったままですが、できる限り早く実況中継を再開したいと思います。しばらくは皆さんを、……あ、ちょっとお待ちください

（長い沈黙）（囁《ささや》き声）

皆さん、この悲劇の目撃者と連絡を取ることがついにできたとの報告がありました。ピアソン教授がグローバーズミル近くの農家にいらっしゃいます。そこに緊急観察所を設置しました。科学者として、教授が皆さんにこの大惨事について説明してくださいます。皆さんがお聞きになるのはピアソン教授の声で、電話を通じてインタビューをお送りします。ピアソン教授。

ピアソン　私はグローバーズミルのロケット円柱の中にいる生物について、その性質、起源、地球に来た目的など学術的な情報を皆さんにお伝えすることはできません。その生物の持つ破壊兵器

についていくつかの推量を話すことができるかもしれません。適切な用語を思いつかないのですが、彼らの不思議な武器は熱線だろうと考えます。この生物には、人類よりもはるかに進歩した科学知識があることはきわめて明らかです。彼らは何らかの方法で実質的に完全な非伝導室内で強烈な熱を産生することが可能であるというのが、私の推測です。構成不明の磨き上げられた放物状の鏡を用いて、灯台の鏡が光のビームを照射するように、彼らの狙った対象に向けて並行線として極度の熱を発射する。これが熱線の起源についての私の推量です……。

アナウンサー2　ありがとうございました、ピアソン教授。皆さん、トレントンからの報告があります。焼死体がカール・フィリップスであることがトレントン病院で確認されたという短い発表がありました。次に、ワシントンDCからの別の報告です。

米国赤十字社社長室によると、赤十字緊急隊員の一〇部隊が、ニュージャージー州グローバーズミル郊外に駐屯している州兵の本部に派遣されました。次は、プリンストン・ジャンクションの州警察からの報告です。グローバーズミルとその近郊の火事は鎮火したとのことです。窪みはまったく静かであり、円柱状の物体から生命体が現れる兆候はないと、偵察兵は報告しています。……皆さん、今、作戦の責任者であるハリー・マクドナルド赤十字社副社長から特別声明があります。

マクドナルド　トレントンの州兵から、すべての放送施設を軍の管理のもとに置くようにとの指示がありました。現状の深刻さを考え、そして、ラジオはつねに公共の利益のために奉仕するという究極的な責任があると信じているので、放送施設の管理をトレントンの州兵に委ねます。

アナウンサー　ニュージャージー州グローバーズミルの州兵野外本部です。

大尉　私は州兵通信隊のランシング大尉です。現在、グローバーミルズ近郊で軍事作戦を展開中です。未確認生物の存在によって生じた状況は、現在は完全に制圧されています。

われわれのすぐ下に位置する窪地にある円柱状の物体は、その全周を八大隊で包囲し、野戦砲はないものの、ライフル銃と機関銃で重武装しています。危険をもたらす原因はすべて、もしもそのような原因があるとするならばですが、完全に根拠のない物です。物体がどのようなものであれ、窪地を覗いたりしないでください。サーチライトで奴らの隠れ場所を監視できます。これまでの報告のすべてを考慮しても、この生物が機関銃の攻撃に耐えられる可能性は極めて低いです。いずれにしても、軍にとっては興味深い展開です。兵隊のカーキ色の軍服は、サーチライトの中ではっきりと確認できます。まるで実戦さながらです。マイルストーン川近くの森でわずかな煙が上がったようです。おそらくキャンプをしている人たちが起こした火でしょう。もちろん、すぐに何らかの行動を起こします。一中隊は左側面に展開しています。迅速な一撃で、すべてが終わります。あ、ちょっと待ってください。円柱の先端に何かが見えます。いや、何でもない、ただの影です。現在、軍はウイルマス農場の縁に駐屯しています。七〇〇〇名の武装した兵士が金属の円柱に近づいていきます。何か動きました。……金属の……何か盾のような物が円柱の物体から上がってきます……どんどん高く上っていきます。あれ、それは脚で立っています……実際には何らかの金属の構造物に支えられて立ち上がっています。それは木の高さを超えて、サーチライトが点灯しています。待て！

アナウンサー2　皆さん、私は深刻な報告をしなければなりません。とても信じられないと思われるかもしれませんが、科学的な観察からも、そして、私たち自身の目で見た証拠からも、今晩ニュージャージー州の農地に到着した奇妙な生物は、火星から地球を侵略しに来た軍の先兵であると考えるべきでしょう。グローバーズミルで起きた今晩の戦闘は、現代の最精鋭軍が敗北したもっとも驚くべき一例です。ライフル銃と機関銃で武装した七〇〇〇人の兵士が、侵略者のたったひとつの兵器に立ち往生させられたのです。残りの戦闘地域はグローバーズミルからプレインズボロに及ぶ点々とした地域で、モンスターの金属の脚で踏みにじられ、踏み殺されたか、殺人光線で黒焦げにされました。モンスターは現在ニュージャージー州中央部にいて、州を中心で分断しています。通信はペンシルバニア州から太平洋に通じています。鉄道は分断されていて、ニューヨークからフィラデルフィアまでは、アレンタウンやフェニックスヴィル経由の列車以外は、運休となっています。北行き、南行き、西行きの高速道路は避難する自動車で渋滞しています。警察や軍の予備役兵は狂乱した人々の流れをコントロールすることができずにいます。朝までに避難者がフィラデルフィア、キャムデン、トレントンに殺到し、通常の人口の二倍になると推定されています。

現時点では、ニュージャージー州からペンシルバニア州東部に戒厳令が敷かれています。さて、国家の緊急事態に関する特別放送をワシントンDCからお届けします……内務長官……。

長官　国民の皆さん、私はわが国が直面している深刻な状況や、政府がどのようにして国民の生命と財産を守ることができるかを憂慮していることを隠すつもりはありません。しかし、一般市民、公務員、すべての皆さんが、冷静で慎重な行動をとる緊急の必要性があることを理解してください。幸いなことに、この恐るべき敵は今も比較的狭い地域に封じ込められていて、軍事力により敵をそこに留めておくことができるでしょう。しばらくの間、私たちは神を信じて、私たちすべてが各自の義務を果たし、国中が結束し、勇気をもって、献身的に地球上における人間の優越を守ることで、この破壊的な敵に立ち向かうことができるでしょう。ありがとうございました。

アナウンサー　ワシントンから内務長官の言葉をお伝えしました。数多くの報告が届いていて、このスタジオに積み上げられています。熱線の影響が送電線や電気施設に及んだため、ニュージャージー州の中央部ではラジオ放送が聴き取れなくなっていると報告されています。ニューヨークからの特別放送です。英国、フランス、ドイツの学術団体から支援を申し出る電報が届いています。天文学者は、火星で定期的な間隔でガス爆発が続いていると報告しています。さらに敵はロケットで援軍を送ってくるだろうというのが、大多数の天文学者の意見です。近い距離から火星人を観察したプリンストン大学のピアソン教授を探す努力が続いています。最近の戦闘の際に教授が行方不明になった恐れがあります。バージニア州ラングハムフィールドでは、三機の火星人の機械が樹上に見え、多くの人々が避難しつつあるサマービルへと北に向かっていると、偵察機が報告しています。殺人光線は今は使われていません。特急列車の速度で前進しつつも、侵略者は慎重に前進しています。敵は街や田園地帯の破壊を意識的に避けようとしているようです。しかし、送電線、橋、鉄道は根絶やしにしようとしています。敵の目的が、抵抗を粉砕し、通信を麻痺させ、人間社会を解体することであるのは明らかです。

ニュージャージー州バスキングリッジから報告があります。アライグマの狩りをしていた人々が、モリスタウンの南二〇マイルの大沼に最初に埋まっていたのと同様の二つ目の円柱状の物体を発見しました。その円柱状の物体が開いて、戦闘機械が展開する前に第二の侵略部隊を破壊すべく、米国陸軍の野戦砲部隊がニューアークから現地に進軍しています。野戦砲部隊はワッチング山の麓《ふもと》に陣地を布《し》こうとしています。バージニア州ラングハムフィールドから新たな報告です。偵察機によると、敵の機械は、今では三機で、北に向かって速度を増して進み、家や木をなぎ倒していますが、モリスタウン南部の味方と合流するために急いでいることが明らかです。プレインフィールドから一〇マイル以内のミドルセックス東部の電話交換手もこの機械を目撃していきます。ロングアイランド州ウインストンフィールドからの報告です。大量の爆弾を積んだ軍の爆撃機の編隊が敵を攻撃するために北に向かって飛行中です。偵察機が案内役を務めています。高速で移動する敵を追尾しています。ちょっとお待ちください。皆さん、近くの村に展開している砲兵隊との間に特別通信網を敷いて、接近しつつある敵の領域から実況中継をお届けします。まず、ワッチング山に陣を敷いている第二二野戦砲兵隊の砲台からの報告です。

将校　射程三二メートル。

砲手　三二メートル。

将校　射角三九度。

砲手　三九度。

将校　撃て！（大砲の炸裂音……沈黙）

砲撃観測員　右へ一四〇ヤード。

将校　シフト距離三一メートル。

砲手　三一メートル。

将校　射角三七度。

砲手　三七度。

将校　撃て！（大砲の炸裂音……沈黙）
砲撃観測員　命中。敵の一機の三脚に命中！　敵は止まりました。他の機は損傷を負った機を直そうとしています。
将校　急げ、シフト距離五〇、いや三〇メートル。
砲手　三〇メートル。
将校　二七度。
砲手　二七度。
将校　撃て！（大砲の炸裂音……沈黙）
砲撃観測員　着弾地点が見えません。煙が上がっています。
将校　何？
砲撃観測員　黒い煙です。こちらに向かってきます。伏せてください。高速で近づいてきます。
将校　ガスマスク装着！（沈黙）砲撃準備。距離二四メートル。
砲手　二四メートル。
将校　二四度。
砲手　二四度。
将校　撃て！（大砲の音）
砲撃観測員　まだ見えません。煙が近づいてきます。
将校　距離をとらえよ。（咳）
砲撃観測員　二四メートル。（咳）

将校　二三メートル。（咳）
砲手　二三メートル。（咳）
砲撃観測員　射角二二度。（咳）
将校　二二度（声が小さくなり、咳）
（全体の音が小さくなり、……飛行機のエンジン音）
隊長　軍の爆撃機V−八−四三隊長ヴォート中尉です。ニュージャージー州バヨンヌから離陸しました。ラングハムフィールドのフェアファクス司令官に報告します。……こちらはヴォート、ラングハムフィールドのフェアファクス司令官に報告します。……敵の三脚の機械を視界にとらえています。モリスタウンの円柱状物体から出た三機の援軍が加わっています。合計六機です。一機が部分的に損傷しています。ワッチング山の軍からの砲弾が当たったものと思われます。現在、砲撃は止まっているようです。深い黒い霧が地上を覆っていて……とても密度が濃くて、その性質は不明です。熱線の兆候はありません。敵は今、東に方向を変え、パセーイク川を越えて、ジャージー平原に侵入しています。プラスキー高速道路を跨ぐ機もあります。目標がニューヨーク市であることは明らかです。敵機は高圧発電所を破壊しています。敵機は団結していますが、われわれは攻撃準備完了です。我が機は上空を旋回し、攻撃準備完了。最初の敵機から一〇〇〇ヤードです。八〇〇ヤード……六〇〇……四〇〇……二〇〇……敵機です。巨大な腕を挙げました。……緑の閃光！　われわれに炎を吹きかけてきます。二〇〇〇フィート。エンジン停止。爆弾落下できず。残されたことはただひとつ……飛行機ごと敵機に体当たりします。最初の敵機に体当たりします。エンジン停止。八……。

オペレーター1　こちらニュージャージー州バヨンヌ、ラングハムフィールド応答せよ……。
　こちらニュージャージー州バヨンヌ、ラングハムフィールド応答せよ……。
　頼む、応答せよ……応答せよ……。
オペレーター2　こちらラングハムフィールド……続けろ。
オペレーター1　わが軍の八機の爆撃機がジャージー平原で敵の三脚機と交戦中。熱線のために爆撃機のエンジン停止。全機墜落。敵機のうち一機が破壊された。現在、敵が熱い煙を発射している方向は……。
オペレーター3　こちらニュージャージー州ニュウアーク……。
　こちらニュージャージー州ニュウアーク……。
　警戒してください。毒性の黒煙がジャージー平原から流れてきます。サウスストリートまで達しています。ガスマスクは効果なし。広い空間への緊急避難が必要です……自動車は七号線、二三号線、二四号線を使ってください……渋滞地区は避けてください。煙は現在レイモンド大通りに広がっています……。
オペレーター4　こちら2X2L……応答せよ……。
　こちら2X2L……応答せよ……。
　こちら2X2L……8X3R応答せよ……。
　頼む、応答してくれ。
オペレーター5　こちらは8X3R……2X2Lに応答中。
オペレーター4　受信状態はどうか？　受信状態はどうか？　聞こえないか？　頼む！　今どこに

いるのか、8X3R？

何が起きているのか？　どこだ？

（街中で響いている警戒音が徐々に小さくなっていく）

アナウンサー　私は今、ニューヨーク市の放送局の屋上から中継しています。今聞こえているサイレンは、火星人の襲来から避難するようにという警報です。今も通行可能なハッチンソン川高速道路を北に向かって、この二時間で三〇〇万人が避難したと推定されています。ロングアイランドに向かう橋は避けてください……絶望的なまでに渋滞しています。ジャージーショアへの交通は一〇分前にすべて遮断されました。これ以上、防衛の手段がありません。我が軍は撃退されました……陸軍、空軍、すべてが撃退されました。これがおそらく最後の放送となるかもしれません。私たちは最後までここに留まります……私たちの真下で人々が礼拝を執り行っています……大聖堂では……。

（讃美歌を歌う声）

私は港を見おろしています。さまざまな種類の船には、避難する人々がたくさん乗っていて、波止場を出ていきます。

（船の汽笛の音）

どの通りも大混雑です。群衆の立てる騒音はまるで大晦日のようです。ちょっとお待ちください……今、パラセイズ上空に敵が見えます。五つの巨大な機械です。最初の一体が川を越えています。ここからそれが見えますが、まるで人間が小川を渡るかのように、ハドソン川を渡っています……報告が入りました……火星人の乗った円柱状の物体は全国に落下しています。バッファロー郊外から、シカゴ、セントルイスにまで及びます……落下時間や場所はバラバラのようです。……さて、最初の機体は川岸に着きました。そこに立ち尽くして、市を見おろしています。その金属の、ハコフグのような頭部は、高層ビルの高さほどあります。最初の機体が他の機体の到着を待っています。それらはまるでニューヨーク市の西側に新たにたった一群のビルのように見えます……あ、その金属製の腕を挙げげました。今度は末尾です。煙が出ています……黒煙が市を覆います。通りにいる人々が黒煙を目にしています。人々がイースト・リバーに向って走っていきます……数千人が、ネズミのように川に飛びこんでいます。煙の流れがどんどん速くなっていきます。いよいよタイムズスクエアにまで達しました。人々が煙から逃れようとしていますが、無理です。ハエのように倒れていきます。今や煙は六番街を超え……五番街……一〇〇ヤードに迫ってきました……五〇ヤード……。

オペレーター4　こちらは2X2L……。

こちらは2X2L……。

こちらは2X2L……ニューヨーク。

誰かいませんか?

誰かいませんか?

こちら2X2L、応答せよ。

(コマーシャル、休憩)

アナウンサー　CBSがお送りするオーソン・ウェルズのマーキュリー劇場です。H・G・ウェルズ原作『宇宙戦争』をラジオドラマにしてお送りしています。しばらく休憩した後、再開します。

こちらはCBS（フェードして、一〇秒間）WABC、ニューヨーク（二〇秒の休憩）

アナウンサー　H・G・ウェルズ原作『宇宙戦争』をオーソン・ウェルズのマーキュリー劇場で放送しています……。

（音楽）

ピアソン　私が紙にこのメモを書き留めながら、自分が地球上で生きている最後の人間かもしれないという思いに取りつかれている。私はグローバーズミルにほど近い空き家に身を潜めていた。私のいるグローバーズミルは日の当たる小さな場所だが、黒煙で世界の他の場所からは切り離されている。この怪物のような生物が到着する以前に起きていたことのすべてが、別世界の出来事のように思える……現在とまったく連続性のない人生、リチャード・ピアソンと署名されている天文学のメモの裏に鉛筆でこれらの単語を書き連ねている、見捨てられた孤独な人間のはかない存在。私は自分の汚れた手、破れた靴、ボロボロの服を見つめ、それをプリンストンで暮らしていた教授の生活と結びつけようとしている。私は一〇月二〇日の晩に遠く離れた惑星でオレンジ色の光が輝くのを望遠鏡ではじめて観察した。妻、同僚、学生、本、天文台、私の……、私の世界……すべては今どこにいるのだろうか？　存在しているのだろうか？　私はリチャード・ピアソンなのだろうか？　今日は何日なのだろうか？　カレンダーがなくても日は存在しているのだろうか？　時計の螺子《ねじ》を巻く人間の手がなくても、時は存在するのだろうか？……私の日々の生活を書き留めることによって、星の動きを記録するためのこの小さな手帳に、人間の歴史も保存するのだと考えていた。……しかし、書くためには私は生きなければならないし、生きるためには私は食べなければならない。……台所にカビの生えたパンと、何とか食べられそうなオレンジを見つけた。私は窓外を観察し続ける。時々、黒煙の上に、火星人の姿が見える。

黒煙は今もこの家を覆っている。しかし、ついに擦過音が聞こえて、突然、火星人がその機械に乗り、まるで煙を拡散させているかのように、ジェット流でガスを噴出しているのを私は目にした。巨大な金属製の脚が家を倒しそうになるのを、私は視界の端でとらえた。恐怖で疲労困憊し、私は眠りに落ちる……朝になった。窓から太陽が差しこんでくる。黒い雲は晴れたようだが、北に向かって平原が黒こげになっていて、まるで黒い雪が降り積もったかのようだ。私は勇気を出して、家から出てみた。通りに向かう。しかし、まったく人通りはない。あちこちに破壊された自動車、中身が散乱した鞄、黒焦げの骨が散らばっている。私は北に向けて歩いた。よくわからないが、怪物から逃げ出すよりも、その後を追った方が安全に感じる。私は慎重に観察を続けた。私は火星人が食事をするのを見た。もしも火星人の機械の一機が木の上に現れたら、私はいつでも地面に伏せる準備をしている。栗の木のところに来た。一〇月だ、栗が実っている。栗の実でポケットを満たす。私は生き続けなければならない。二日間、荒れ果てた世界をぼんやりと北に向かって歩いた。とうとう生きているものを見つける……ブナの木に小さな赤いリスがいた。私はリスを見つめ、不思議に思う。リスも私を見ている。その瞬間、私とその動物が同じ感情を共有していると感じた……生きている他の動物に出会う喜び……私はさらに北に向かう。黒焦げの草原に牛の死体がたくさん転がっている。乳牛の焼死体を超えていく。荒れ果てた海に向かって立つ灯台のように、サイロが荒野を守っているかのように今も立っている。サイロの脇には風見鶏がある。その矢は北を指している。

翌日、私は雰囲気に何となく馴染みがある街に着いたが、巨人が気まぐれに手を振り回して高い塔をなぎ倒してしまったかのようで、街の建物は奇妙に低くなり、同じような高さになっていた。私は郊外に出た。ニューワークは破壊されていなかったが、火星人の襲来の影響で人々は脅えていた。今、私は誰かの視線を感じるという不思議な感覚があって、玄関のドア越しに中腰になっている人の視線を捕えた。私はそれに向かって一歩を踏み出すと、その人が立ち上がった。男だった。……その男は大きなナイフを手にしていた。

見知らぬ男　止まれ……どこから来た？

ピアソン　私は……いろいろな所から来ました。ずいぶん前にプリンストンから。

見知らぬ男　プリンストンだって？　グローバーズミルの近くだな！

ピアソン　そうです。

見知らぬ男　グローバーズミル……（とてつもないジョークに大笑い）……ここには食物はない。ここは俺の国だ……町のこの端から川までだ。ひとり分の食物しかない……お前はどの方向に行くのだ？

ピアソン　わからない。私は……人間を探していると思う。

見知らぬ男　（不安そうに）あれは何だ？　今、何か聞こえなかったのか？

ピアソン　ただの鳥だ（驚く）……生きている鳥だ！

見知らぬ男　最近の鳥には影があることを知るようになるさ……俺たちは戸外にいる。家の中で、話そう。

ピアソン　あなたは火星人を見ましたか？

見知らぬ男　奴らはニューヨークへ行った。奴らの光で夜も空が明るかった。まるで人々がまだその光の中で生きているみたいだった。昼光では奴らは見えない。五日前、何人かが空港から部屋に一杯の大きさの何かを運んでいた。飛ぶ方法を学んでいたのだと思う。

ピアソン　飛ぶ！

見知らぬ男　そうだ、飛ぶんだ。

ピアソン　それで人類はすべて滅亡してしまった。見知らぬあなた……あなたと私だけだ。二人だけが残った。

見知らぬ男　奴らは団結している。奴らは世界でもっとも偉大な国を滅ぼしてしまった。あの緑の星が、おそらく毎晩どこかに落ちているのだろう。奴らはたった一機失っただけだ。何もできない。人間は終わりだ。すっかり打ち負かされてしまった。

ピアソン　あなたはどこにいたのですか？　軍服を着ていますね。

見知らぬ男　何が残されているというのだ。私は民兵、州兵だった……それでいい。人間と蟻の間の戦争以上の戦争はもうないのだ。

ピアソン　私たちは食べられる蟻だ。それに気づいた……奴らは私たちに何をするのだろうか？

見知らぬ男　俺はそんなことは全部考えた。今は、奴らの望み通り、俺たち捕まえられた。火星人たちはもう数マイル進めば、好きなだけの数の人間を捕まえられたのに、そうしなかった。そのうち、徹底的に人間を捕まえ始めるぞ。最高の人間を捕まえて、檻に閉じ込める。ただ、まだそう始めてないだけだ。

ピアソン　まだそう始めていない！

見知らぬ男　まだだ。俺たちは口を閉じているだけの常識がないので、今までのようなことが起きたのだ……銃やらで奴らを怒らせてしまって、俺たちは正気を失い、群衆の中に身を投じてしまった。今は、闇雲に右往左往するのではなく、冷静になって、現状を見つめなければならない。街、国、文明、進歩を……。

ピアソン　でも、たとえそうだとしても、何のために生きるのか？

見知らぬ男　これから数百万年もコンサートもなければ、レストランでの素敵な夕食もないだろう。お前が楽しみを求めているならば、すべて終わりだ。

ピアソン　では、何が残されているのですか？

見知らぬ男　命……まさにそれさ！　俺は生きたい。お前もそうだろう。俺たちは黙って殺されたりしない。牛のように捕まえられて、飼いならされて、太らされて、育てられたりしない。

ピアソン　あなたは何をするつもりですか？

見知らぬ男　俺はこれからも生きていく……奴らのこの脚元でな。計画がある。人間としての人間はもう終わった。まだ俺たちはよくわかっていない。チャンスをつかむ前にたくさんのことを学ぶ必要がある。こうして俺たちは生きていかなければならないし、学んでいるうちは自由でなければならない。俺はこういったことが全部わかったのだよ。

ピアソン　残りも話してください。

見知らぬ男　奴らのために創られたのは俺たちだけではないんだ。だからこそ俺はお前を監視していた。このような家に住んでいたちっぽけな会社員たちは何の取柄もなかった。何の価値もなかった。ただただ仕事に行くように飼いならされていただけだ。たくさんのそんな奴らが朝必死になって通勤電車に乗りこもうとしていたのを俺は目にした。そうしなければ、首になってしまうからな。夜は夜で、夕食に間に合わそうとして、大急ぎで帰ってくる。生命保険をかけて、事故に備えてわずかな投資をする。日曜日には、翌週の心配をする。こんな奴らには火星人は天恵だ。広い籠、よい食事、丁寧な飼育、心配無用だ。一～二週間空腹のまま人間狩りをした後、奴らがやってきて、俺は喜んで捕まるのさ。

ピアソン　そういうことをすべて考えつくしたというわけですね。

見知らぬ男　そうとも。それだけではない。火星人は人間をペットにしたり、芸を覚えさせようとするだろう。どうなるのか誰にもわからない。ペットの少年が大きくなって、殺されるかもしれないと感傷的になる必要などない。そして、おそらく人間狩りをするように調教されるかもしれない。

ピアソン　そんなことは不可能だ……人間はけっして……。

見知らぬ男　もちろん、人間はそうするさ。喜んでそうする人間がいる。もしもそんな奴が俺を狙ったら……。

ピアソン　しばらくの間、あなたや私や他の人たちは、火星人が地球を征服している間、どこで生きていればよいのでしょうか？

見知らぬ男　俺はそんなことはすべて考えた。地下で生きるのだ。下水道さ。ニューヨークの地下には何マイルもの下水道がある。主な下水道は全員でも十分な広さだ。地下室、地下貯蔵室、鉄道のトンネル、地下鉄もある。わかったか？　それに、俺たちは屈強な男だ。馬鹿や弱虫はいない。

ピアソン　すると、私も一緒に行くという意味ですか？

見知らぬ男　そうさ、チャンスを与えてやる。

ピアソン　あれこれ言っても始まらないですね。もっと話してください。

見知らぬ男　そして、安心して住める場所を作って、できる限り多くの本、科学の本を集める。そこがお前の出番だよ。俺たちは博物館を襲ったり、火星人をスパイしたりもする。あらかじめ学ばなければならないことはそれほど多くはない。こんなふうに考えてみろ。火星人の戦闘機械が四〜五機突然動き始める。熱線が右や左に発せられるが、それには火星人は乗っていない。火星人は乗っていないんだ！　そこで、人間が……人間が操縦法を覚える。そうなったら、こっちのものだ。奴らのすばらしい機械を一機手に入れて、熱線を自由に撃ちまくる！　俺たちは熱線を火星人に浴びせかけ、次は人間に向けて発射する。全員を跪《ひざまず》かせられる。

ピアソン　それがあなたの計画ですか？

見知らぬ男　お前と俺と他の数人で世界を征服するんだ。

ピアソン　そうですか。

見知らぬ男　一体どうしたんだ？　どこへ行くんだ？

ピアソン　あなたの世界ではない……さようなら……。

ピアソン　砲兵と別れた後、私はホランドトンネルに辿りついた。ハドソン川の向こう側の偉大な都市ニューヨークがどのような運命になったかを知りたくて、私はこの静かなトンネルに入った。私は注意深くトンネルを出て、キャナル街まで進んだ。

　一四番街に着くと、黒い粉末といくつかの遺体を目にし、そして家の天井の格子からぞっとするような悪臭が漂ってきた。三〇番街から四〇番街を抜けて、私はタイムズスクエアにひとり立っていた。黒褐色の肉一切れを加えた痩せた犬が七番街を走っていき、それに飢えた雑種犬の群れがついていくのを、私は目にした。その犬は私の周りをウロウロしていたが、まるで私が新たな競争相手ではないかと恐れているようだった。私はその奇妙な粉末の方向に沿ってブロードウェイを北に向かって歩いて行った。物音がしない店のウィンドウを過ぎた。そこには人通りのない歩道に向けて無言の商品が展示してあった。キャピトル劇場を過ぎた。静かで、暗かった。銃砲店を過ぎた。並べられた木製の鴨に銃口が向けられた弾のこめられていない銃が飾ってあった。コロンバスサークル近くで、人通りのない通りに面したショールームに一九三九年型の自動車が展示してあるのに気づいた。黒い鳥の群れが上空で輪を描いているのを見つめた。私は急いだ。突然、火星人の機械のフードが目に入った。それはセントラルパークのどこかに立ち、遅い午後の日差しの中で輝いていた。とんでもない考えが閃《ひらめ》いた。無謀にもコロンバスサークルを横切って、セントラルパークに入っていった。六〇番街の池近くの低い丘に登った。私がそこから見たのは、遊歩道に沿って巨大な金属製の機械が一九機で、その頭部はがらんどうで、胴体の両脇で鋼鉄製の腕が物憂げに揺れていた。これらの機械を操縦している怪物を探したが、見当たらなかった。

突然、非常に多くの黒い鳥が私の眼下に舞い降りる光景に驚いた。鳥は地上に舞い降りて、私の眼前で、力強く、音も立てずに火星人に襲いかかり、その遺体から茶色の肉を突き、毟《むし》り取った。後に研究室で遺体を調査して明らかになったのは、免疫がなかった腐敗菌や病原菌によって、火星人が死亡したということであった。人類の防衛がすべて失敗した後に、神がその知恵で地上にもたらしたもっとも謙虚なものによって殺されたのだった。

円柱状の物体が地球に降り立つまでは、地球という小さな惑星の美しい表面を超えた広い宇宙には生命は存在しないと一般には信じられていた。今や私たちは地球外の生命を目の当たりにしている。生命が、この太陽系という小さな苗床から、恒星宇宙という驚くほどの広大な領域へと徐々に広がっていくという、ぼんやりとした素晴らしいイメージが私の心に浮かび上がった。しかし、これははるか彼方の夢である。火星人による破壊は単なる執行猶予に過ぎないのかもしれない。人類にとってではなく、火星人にとってこれは将来予定していることであるのかもしれない。

この記録をグローバーズミルの人里離れた農場で書き始めたのだが、いよいよその最終章をプリンストンの私の静かな書斎に座って、書いているというのは不思議な感じがする。部屋の窓から四月の霞《かすみ》越しにぼんやりと大学の青い尖塔が見えるのが不思議だ。通りで子どもたちが遊んでいる姿を見るのが不思議だ。傷つけられた地球の黒い傷を新たに春の緑が癒している芝生の上を若者が散歩しているのを見るのが不思議だ。火星人の機械が分解された部品を一般に展示している博物館の中に、観光客が入っていくのを見るのが不思議だ。私がその機械をはじめて目にした偉大な日の最後の夜明けに、それが光り輝き、頑丈で、無音でいた時のことを思い出すと不思議だ。

（音楽）

皆さん、私はこの番組で演じたオーソン・ウェルズです。『宇宙戦争』はあくまでも休日のための番組であり、けっして現実ではないことをお断りしておきます。ハロウィーンの晩にシーツで変装し、藪の中から飛び出して「ワッ！」と脅しますが、マーキュリー劇場はそのラジオ版です。今から始めて明日の晩までに、あなたの家の窓に石鹸を塗りたくったり、庭門をすべて盗んだりできないので……次にできる最高のものを行ったのです。私たちはあなたがたの眼前で地球を全滅させ、ＣＢＳを完全に破壊しました。私たちにそのようなつもりはなく、どちらも今でも機能していることを皆さんが気づいて、安心していることを望んでいます。それでは、皆さん、さようなら。これから一日かそこら、どうぞ今晩得た恐るべき教訓を思い出してください。あなたの家の居間に入りこんでくる、あのニヤついた、光り輝く、球形の侵略者は南瓜《かぼちゃ》畑の住人であり、あなたの家の玄関のベルが鳴ったのに、そこに誰もいなければ、それは火星人ではなくて……ハロウィーンなのです。

（音楽）

アナウンサー　今晩は、CBSと全国の提携放送局がH・G・ウェルズ原作『宇宙戦争』をお届けしました……毎週お送りしている放送劇シリーズの第一七回オーソン・ウェルズのマーキュリー劇場でした。

テーマ音楽

アナウンサー　来週は、三編の有名な短編小説を元にした放送劇をお送りします。こちらはCBSでした。

（二〇秒間でテーマ音楽がフェードアウト）B―U―L―O―V―Aブローヴァ時計社が午後九時をお知らせします。WABC、ニューヨーク。

追加の声明　全ネットワークに対して合計四回の声明が伝えられた。すなわち、開始直後、休憩前、休憩後、終了時である。以下の声明が同じ晩の一〇時三〇分、一一時三〇分、一二時にもネットワークに伝えられた。「今晩東部標準時午後八時から午後九時まで放送されたオーソン・ウェルズのマーキュリー劇場を聞いて、これがH・G・ウェルズの有名な小説『宇宙戦争』を元にしたラジオ劇であると理解していない人のために、放送中にも四回事実を繰り返しました。すべての小説やそれを元にしたドラマのように、現存するいくつかの米国の都市名が使われたものの、ストーリー全体や出来事のすべては架空のものであることを繰り返しておきます」

さらに、番組を放送した全放送局の六〇パーセントが、誤解があまりにも広まってしまったことが明らかであったため、番組を中断して、その地域の声明を発表した。番組終了後にも、他にも地域の声明を出した。しかし、番組が最大の恐怖を掻き立てたのは、放送の休憩前であったことを忘れてはならない。したがって、最初の声明を聞き逃した聴取者はひどく脅えあがることになった。

このような警告を発した番組がパニックをもたらした。それはどのようなものだったのだろうか？

何か恐ろしかった

It Was Something Terrible

2 パニックの性質と範囲

番組が終わるかなり前から、米国全土の人々が、祈り、泣き叫び、火星人から殺されまいと必死になって逃げ出し始めた。愛する人を助けようと走り出す者もいた。別れを告げたり、警告するために電話をかけたりする者、近所の人々に知らせに走る者、新聞やラジオ局に情報を求める者、救急車やパトロールカーを呼ぶ者もいた。少なくとも六〇〇万人がこの番組を聴き、少なくとも一〇〇万人が恐怖に慄《おのの》いた。*13

この番組放送後も数週間にわたって、新聞は地方の市民の戦慄に関する記事を掲載し続けた。あの運命の晩の感情や反応について全国の数多くの男女が語った。われわれの面接者や特派員たちも数百の話を収集した。ほとんど無作為に抽出されたこれらの話のいくつかだけでも十分に興奮について窺《うかが》い知ることができる。人々の話に耳を傾けることにしよう。

「何かとても恐ろしいことだと気づいて、私はひどく驚きました」とニュージャージー州北部のファーガソン夫人は面接者に語った。「でも、それが何か正確にはわかりませんでした。世界の終わりだなどとは信じられなかったのです。世界の終わりが来る時は、誰も気づくことができないほどあまりにも早くやって来るのだと、私はいつも耳にしてきました。だから、神はどのようにしてこのアナウンサーに連絡してきたのでしょうか？　どの高速道路を通れ、どの丘を越えろと放送が伝えてくると、子どもたちは泣き出し、家族は避難することに決めました。私たちは毛布を摑《つか》み、孫娘は猫とカナリアを連れていくと言い張りました。ガレージから出たところで、近所の少年がやってきて、ただの放送劇だと教えてくれたのです」

中西部の小さな町のジョセフ・ヘンドリーは次のように語った。「番組が半分過ぎるまでには、このハロウィーンの嘘話に我が家の皆がすっかり圧倒されていました。先週の日曜日に祈りを捧げたことを神は知っています。これは私たちにとって教訓となりました。母は外に出て火星を探しました。父はこれがとても信じられず、ひどく疑っていたのですが、いつしかすっかり信じていました。弟のジョーはいつものように、とても興奮し始めました。弟のジョージは家にいませんでした。敬虔なカトリック教徒のグレース叔母はヘンリー叔父と一緒に祈り始めました。リリーは胃が痛み出しました。私は自分が何をしたのかはっきり覚えていませんが、それまで以上に熱心に、真面目に祈りました。この出来事が現実であると信じるようになると、地球上のすべてのことがとても美しく見えて、神への信頼をすぐに実感できるように思えました」

ニューワークのガソリンスタンド店員アーチー・バーバンクは自分の反応について次のように語った。「ガールフレンドと私はしばらく自動車の中に留まって、あちこち走り回っていました。そして、ある友人について行きました。私たちは皆、雑貨店にまで行き、店主に地下倉庫に避難させてほしいと頼んだのです。しかし、店主は『何だって？　うちの商売を台無しにしようというのか？』と言いました。そして、私たちは追い出されました。群衆が集まってきました。私たちはあるアパートに駆けつけて、家主に地下室に避難させてほしいと頼みました。『地下室などない。出ていけ』と言われました。すると人々はアパートから服も着ずに慌てて逃げ出したのです。私たちは自動車に戻って、もう少しラジオを聞きました。突然、アナウンサーはガス攻撃されたと告げて、放送が止まり、他の局を聴こうとしたのですが、何も聴こえませんでした。そこで、ガソリンスタンドに行き、できる限り遠くまで逃げるために満タンにしました。ガソリンスタンドで働いていた男はこの

＊13——七九ページ参照。

事件について何も知りませんでした。そして、私の友人が、ニューワークイブニングニュース紙に電話をして、これが単なる放送劇だとわかりました。私たちは番組を最後まで聴いてから、ダンスに出かけました」

ジョスリン夫人は大都市のスラム街に住み、その夫は日雇い労働者だが、次のように語った。「私はとても恐ろしかった。荷物をまとめて、子どもを抱きかかえて、友達に声をかけ、自動車に乗りこみ、できる限り北に向かおうとしました。でも、私が実際にしたことといえば、窓辺に座って、祈り、神の言葉に耳を傾け、恐怖で身がすくみ、夫は鼻をすすり、人々が逃げ出していないか外を眺めていました。するとアナウンサーが『街から避難してください』と言ったので、私は駆け出して、アパートの住民に呼びかけ、子どもを抱えて、階段を大慌てで降りていきました。帽子や何やらを摑《つか》む余裕もなかったのです。階段の下までたどり着いたものの、外に出られませんでした。なぜかわかりません。しばらくして、夫が他の駅について調べて、まだ列車が走っていることがわかりました。夫はガス臭もしないし、人々が走っているのも目にしないので、それが単なるラジオ劇だろうと私に言いました。私は少し落ち着きを取り戻したものの、オーソン・ウェルズの言葉を聞くまではいつでも逃げ出せるように準備していました。すると、ウェルズが『皆さん、警告したほうがよかったのですが、これは単なるラジオ劇です』と言ったので、私はようやく安心しました」

ディラニー夫人は、ニューヨーク郊外に住む敬虔なカトリック教徒で、ラジオから耳を離すことができなかった。「昨晩ほど、ラジオにかじりついていたことはありません。窓を開けて、隕石が落ちてくるのを探しながら、私は十字架を握りしめて、祈っていました。ガス臭に少しでも気づいたら、窓を閉めて、防水セメントか何か手に入るもので部屋を密閉するつもりでした。私の計画は、部屋に留まって、ガスがすっかり拡散してしまうまで、窒息しないで頑張ることでした。モンスターがハドソン川を渡って、ニューヨークに侵入してきたら、屋根に上ってそれがどんな格好をしているのか見たいと思っていましたが、その居場所を伝えるラジオを片時も手放すことができなかったのです」

ペンシルバニア州の女子高校生ヘレン・アンソニーは次のように書いている。「私は自分自身に次のように言い聞かせていました。『私たちはどこに行くのだろうか？　何ができるだろうか？　今殺されるのと、後で殺されるのと、どんな差があるのだろうか？』私はひどく興奮していました。友達二人と私は抱き合って、泣き叫び、死を前にして重要なものなど何もないと感じていました。こんなに若くして死ぬのは本当に恐ろしく感じていました。いずれにしても私は神経質なので、他の人よりも怖がっていたと思います。階下の少年が、私があまりにも大騒ぎをするのを止めないのならば、殴りつけて、気絶させてやると脅してきました。この事件について番組を放送していた他の小さな局の放送を聞いて、私たちの恐怖が確認されました。世界の終わりが近づいていることを信じたのです」

全国の母親たちは無力な子どもたちを必死で守ろうとした。ニューイングランドのウォルターズ夫人は次のように述べた。「震えが止まりませんでした。私はスーツケースを取り出したり、またしまったりして落ちつきなく、ようやく荷造りを始めたものの、何を詰めたのかわかりませんでした。赤ん坊に服を着せ、脱がせ、また着せたりといったことを繰り返していました。階上の住人を除いて全員がアパートを出ました。私はその部屋まで駆け上って、ドアを激しく叩きました。その人は子ども二人を毛布にくるみ、私がひとりを運び、夫が私たちの子どもを運びました。大慌てで外に出たのです。理由はよくわかりませんがパンを少し持っていきたいと思いました。というのも、すべてが焼けてしまったら、お金を食べることはできなくても、パンを食べることはできると考えたからでした」

東部の小さな町に住む母親は次のように語った。「夫から電話があって、番組を聴くと、私はすぐに赤ん坊の様子を見に行きました。私はすぐに走っていき、ひどく脅えていました。慌てて電話口まで行き、母に連絡しました。母は番組を聴いていませんでした。そして、私は小さな赤ん坊を抱き、夫は七歳の子どもを抱えて、近くに住んでいる友達と一緒に自動車に乗って、母が働いている食堂まで行ったのです。食堂に着くまでには、母は番組を聴いていて、食堂にいた人々は皆ひどく興奮していました。私はただ座って、赤ん坊をあやし、自分が話さなくても済むようにしていました。私は番組が終わってから三日間も寝こんでしまいました」

ニュージャージー州のごみごみしたアパートに住む母親は語った。「私はすべてが私たちの肩にかかっていると思いました。私は子どもを抱きしめて、座りこんで、泣いていましたが、火星人がこちらに向かっているという放送を聴き、これ以上耐えられなくなって、ラジオを切って、集会場に駆けこんだのです。隣に住んでいる女性も大声で泣いていました。するとある男性が階段を駆け上ってきて、私たちを見るや、大声で笑い出し、階下の人たちも騙《だま》された、あれは単なる冗談だと言いました。私たちはその人の話を信じることができず、祈るようにと強く言ったのですが、結局、それを信じました。彼は警察に電話をして、単なるラジオ劇であることを確認したのです。そこで、私は自宅に戻りましたが、それでもまだ狼狽《うろた》えていて、夫が帰宅するまでただ泣いていました」

東部の大規模な大学の四年生の学生は、デートを終えて帰宅する途中の自動車の中で番組を聴き、戻って、ガールフレンドを救出しようという英雄的な行為に出ることに決めた。「私が最初にしようとしたことのひとつは、ポキプシーに住んでいるガールフレンドに電話をしようとしましたが、電話が混んでいたので、事態が実際に起きていることだという印象を確認しました。ポキプシーまで自動車を運転して戻ることにしました。プリンストンは全滅し、ガスがニュージャージー州全体を覆い、火事が……何もできることがないと思いました。友達や家族は皆死んでしまったと思いました。四五マイルの距離を三五分間で走り抜けたのですが、それすら気づきませんでした。ニューバーグを通ったのですが、そこを通ったことさえも覚えていません。私たちがなぜ殺されなかったのかわかりません。私のルームメートは泣きながら、祈っていました。彼は私よりも興奮していました……というかこの事件について何かしきりと喚《わめ》いていました。私はアクセルを目いっぱい踏みこんでいたと思います。私はなんとか運転に集中して、冷静さを保とうとしていたのでしょう。すべてが終わった月曜日に、あの晩の運転について考えると、当時よりも焦った感じが強まってきます。自動車の速度は時速七〇マイルを下回ることはありませんでした。時間との闘いだと考えていたのです。ガスが北に向かって広がっているはずでした。私は何から逃げているのかはっきりとはわかっていなかったので、かえって恐怖感が増していました。私が考えることといったら、生きたまま焼き殺されたり、ガスで殺されたりするといったことばかりでした。猛スピードの自動車が何かを轢こうが、轢くまいが、どうでもよかったのです。戦争で撃ち殺されるほうがどれほど楽だろうとはっきりと考えたことを覚えています。神など存在しないと考えたことも覚えています。私のルームメートはずっと泣きながら、祈っていました。私は全人類が消滅することを考えて、それは自分が間もなく死ぬことよりも重要であるように思えました。長年にわたって築き上げられたものすべてが永遠に失われてしまうように思えたのです。フラッシュバックが続き、すべてがありありと思い出されました。しかし、コメンテーターが「ピアソンと私が引き続きお伝えします」と言い、四分間ほど放送していましたが、あまりにも短く感じて、それほど真剣に受け止めませんでした。よく知っている高速道路沿いの町や、よく知っている病院の名前が告げられるたびに、それはひどく現実的なものに思えました」

二〇〇〇マイルも離れた、中西部の州の小さな大学でも学生たちが同じように恐怖に駆られていた。「学生会館や寮で女子学生たちはラジオの前で抱き合いながら、泣き、震えていました。友達の腕を離れて、順々に両親に長距離電話をかけて、これが最後になるだろうと考えて別れを告げたのです。年長で、人生経験豊かな、大学の指導教官や監督たちも同様に恐怖に駆られていました。恐怖に慄《おのの》く女子学生たちは、火星人の侵略から逃れようとして、寮の地下室に殺到しました。ある男子交遊会の学生はガールフレンドを探して、帰宅しようとして、恐怖のあまり寮の規則を破りました。他の男子学生は通りに飛び出して、街の人々に侵略について警告しました」

シルビア・ホームズはニューワークに住む黒人の主婦だが、世界の終わりが近づいていると考えると、興奮のあまりにいつもの倹約の習慣を打ち捨てた。「私たちはますます興奮していきました。皆が世界の終わりが近づいていると感じたのです。すると『ガスマスクをつけろ』と聞こえました。その部分がとくに私には怖しかったのです。私は狂ってしまうのではないかと思いました。ひどく神経過敏になっていたので、心臓が止まらなかったのが不思議です。ガスが撒かれたら、夫や甥と皆一緒に死にたかったのです。自分が何をしていたのかよくわかりませんでした。街角に立ってバスを待っていましたが、来る自動車がすべてバスに思えて、それを停めようとして前に飛び出しました。人々は私がひどく興奮していることに気づいて、落ち着かせようとしてくれましたが、私は皆に繰り返し『ドイツ人がニュージャージーを破壊したのを知らないの？……ラジオで放送していたわ』と訴えました。私はひどく興奮していたのですが、ヒトラーはルーズベルト大統領が数週前に送った電報を快く思っていないことを知っていました。わが国はすべてが片づいたと思っていたところに、突然、ドイツが攻めてきたのです。ドイツ人は賢いので、風船のようなものに乗って、その風船が着陸すると、それが爆発について報道された時のことですが、ドイツ人が着陸したのです。私が帰宅した時には、夫は家にいなかったので、隣の家に飛んでいき、世界の終わりが近づいているると近所の人々に警告しました。そこには叔母がいて、私を落ち着かせようとして、次のように話しかけてきました。『もしも神がそのように現れるならば、私たちはただ待つしかありません。家に帰って、落ち着きなさい。興奮しては駄目よ』と。私は膝が震えてしまい、階段を上ることができませんでした。私は甥がすでに帰宅していて、寝ていることに気づきました。私は甥を起こしました。冷蔵庫の中を見ると、日曜日の夕食で残り、月曜日の夕食にとっておいたチキンがありました。そして、私は甥に『このチキンを食べてしまいましょう。私たちは朝にはここにいないのだから』と言いました。私がそう言った時、甥は私ほど興奮していませんでしたが、彼も世界の終わりが近づいていると考えていました。甥はラジオをつけて、WORに合わせました。すでに一一時で、番組が単なるラジオ劇であったという説明を聴きました。たしかに気分は晴れました……まるで私の肩から重荷がおろされたような感じでした」

マサチューセッツ州在住の非熟練労働者であるジョージ・ベイツは必死で貯めた金を使って、脱出を図った。彼は何らかの方法で本調査について知り、次のような手紙を送ってきた。「逃げるのが最善だと思って、貯めた金から三ドル二五セントを使って、切符を買いました。六〇マイル逃げたところで、あの番組が単なるラジオ劇であるとわかったのです。靴を買おうと思って貯めておいた金がもうありません。サイズ九-Bの靴を誰か私に贈ってください」

イリノイ州のサラ・ジェイコブはマーキュリー劇場をよく聞いていたが、「あの番組がただのラジオ劇であることをはっきりと伝えるべきでした。私たちは放送全体を聞いていたのだけれど、あの人たちはけっしてそうしなかった。私もとても怖かったです。番組終了と同時に、私は医師のもとに駆けつけて、逃げるのを手助けしてくれないかと頼みました。皆が通りに出ていましたが、誰かが夫に単なるラジオ劇だと教えてくれたのです。私たちはいつもオーソン・ウェルズの番組を聴いていますが、まさかあの晩の放送がフィクションだとは思えなかったのです。もしも終了直後にあの番組が単なるラジオ劇だと気づかなかったならば、私たちが何をしたかわかりません」

誰が聴いていたのか?

この番組を聴いた人の数を推定する最高の直接的な証拠は、放送の約六週間後に米国世論研究所(American Institute of Public Opinion：以下、AIPOと略)が実施した調査によるものである。[*14] 数千名を対象とした全国的な調査で、「あなたはオーソン・ウェルズの火星からの侵略という番組を聴きましたか?」という質問に対して、一二パーセントが「はい」と答えた。ギャラップ調査で用いられた標本が代表しているのは、「選挙民」の特徴に基づいていた。すなわち、実際のラジオ聴取者よりも、男性が多く、若者は少なく、おそらく南部の黒人も少ない。[*15] 一九三〇年の国勢調査によると、米国では選挙権のある年齢の人は七五〇〇万人であった。この数の一二パーセントというと、九〇〇万人の成人がオーソン・ウェルズの番組を聴いたと推定される。一〇歳以上の人は一九三〇年の国勢調査では九九〇〇万人であるから、その一二パーセントとなると約一二〇〇万人となる。一〇歳未満の子どもの多くも日曜日の午後八時以後にラジオを聴いていたことは疑いもない事実である。とくに、米国の半分以上では番組は少なくとも午後八時以前に放送されていたことを考えると多くの子どもが番組を聴いていたことになる。[*16] 年少の聴取者に加えて、非常に多くの子どもたちが恐怖に駆られて、命からがらに逃げ出そうとしていた親に起こされたに違いない。

ＡＩＰＯの算出した数は、この聴取者に関する他の既知の推定よりも二倍以上高い。しかし、ラジオ調査機関が一般には対象としない多くの小さなコミュニティや電話のない家庭についても、研究所は調査したので、この結果がおそらくもっとも正確であるだろう。[*17] 民間の研究機関であるＣ・

＊14――調査にこの遅れが生じたのは、この時期になってようやく、十分な調査のための資金援助が得られたためである。本調査に協力してくださったＡＩＰＯのローレンス・ベンソン氏とエドワード・ベンソン氏に感謝申し上げる。研究所の施設を本研究のために使用することを許可してくださったジョージ・ギャラップ氏にも深謝する。

＊15――世論や測定法に関する議論については次の論文を参照されたい。D. Katz and H. Cantril: Public Opinion Polls. Sociemetry, Vol. I, pp.155-179, 1937.

＊16――訳者注：オーソン・ウェルズの放送は東部標準時午後八時から午後九時に放送されていたので、それよりも西の地域での放送時間は早くなる。

E・フーパー社は継続的に番組の聴取率を調査しているが、一九三八年一〇月三〇日に放送されたマーキュリー劇場は約四〇〇万人が聴いたという。[*18] AIPOとフーバー社の結果を足したとしても、最終的な聴取者数六〇〇万人というのはごく控えめな数である。この番組がより多くの人々の関心を引いたとするならば、パニックはさらに広範囲に及んだと思われる。

聴取者の地域差も非常に大きかった。AIPOの数を分析すると、番組を聴いた人の割合は以下の通りだった。

山岳部および太平洋岸	二〇%
中部大西洋岸	一五
北西中央部	一二
北東中央部	一一
南部	八
ニューイングランド	八

山岳部および太平洋岸地域の高い割合は、ラジオ聴取が米国の極西部では一般に高いためだろう。[*19] ニューイングランド諸州の割合が低いのは、CBSの提携局WEEIが番組を放送していなかったためである。

経済状態による集計では、非常に貧しい人々は、他の経済群ほどはこのセンセーショナルな番組を聴いていなかった。上流および中流の収入層では一三パーセントが、低所得者層の九パーセントがこの番組を聴いていた。ＡＩＰＯの調査では、年齢層による有意差が認められた。三〇歳未満の若者の一四パーセント、三〇歳以上五〇歳未満の人の一二パーセント、五〇歳以上ではわずかに一〇パーセントがこの番組を聴いた。ＡＩＰＯのデータには聴取者について重要な性差は認められなかった。この番組の聴取者は、男性が一二パーセント、女性が一一パーセントだった。

どれくらい多くの人々が恐怖に駆られたのか?

「あなたが番組を聴いた時、この放送が単なるラジオ劇だと思いましたか、それとも実際のニュース放送と思いましたか?」というＡＩＰＯの質問に対して、二八パーセントがニュース放送だと信じていたと答えた。ニュースを聴いていると思った人のうち七〇パーセントが恐怖に駆られて、狼狽したという。これは、一七〇万人がニュースを聴いていたと思い、一二〇万人がひどく興奮した

＊17――聴取者数を推定する方法についての重要な議論は以下の文献を参照されたい。Frank Stanton: Measuring the Listening Audience. Princeton University Press, 1940.

＊18――放送に関する共同分析は、一〇月三〇日には実施されていない。一〇月二三日にはラジオ保有家庭の四パーセント、一一月六日にはラジオ保有家庭の七・四パーセントであった。この二週間でこの番組の聴取率がほぼ一〇〇パーセント上昇したことについては、有意差は認められないのだが、この急激な上昇はおそらく、一〇月三〇日の番組によってもたらされた興奮や広く世間に知られたことの結果であるだろう。

＊19――前掲 Stanton の論文参照。

ことになる。

個人の反応に関する質問をくだけた表現で記したのだが、ＡＩＰＯの面接者に対して恐怖感を認めた人の数は、実際に恐怖を覚えた人の合計からすると、おそらくごく控えめなものであるだろう。多くの人々はひどく恥ずかしく感じて、おそらく自分があまりにも信じやすいということを短時間の面接では答えられなかったのかもしれない。しかし、この放送が単なるラジオ劇だと思ったか、それとも実際のニュース報道と思ったかと質問されて、言い逃れができない人もいただろう。後に番組について多くのことを知り、その結果、実際に自分がその番組を聴いたと報告した人もいた可能性がある。

ニューイングランドの聴取者の中で恐怖に駆られたと答えた割合が小さかったのを除いて、反応に関する地域差は大きくはない。おそらくこの原因は、ニューイングランドの大きなラジオ局はこの番組を放送していなかったため、聴取者は比較的遠方の局にわざわざ合わせて『宇宙戦争』を聴かなければならなかったからだろう。南部の聴取者が高い恐怖心を示したのは、この地域の貧しくて、教育を受けていない人の割合が高かったためであるだろう。[20] パニックは明らかに全国的な反応であった。以下の数字は、番組をニュースとして聞き、恐怖に駆られた人の割合を示している。

恐怖に関する地域差

ニューイングランド	四〇%
中部大西洋岸	六九
北東中央部	七二

北西中央部　七二
南部　八〇
山岳部および太平洋岸　七一

高等学校校長の報告　全国の高等学校の校長はあらゆる層の人々を知っていて、地域の反応の程度について客観的証拠を有していると考えられたので、州の教育連絡簿の二五番目に掲載されているすべての高校に質問紙を送付した。[*21] 送付された一〇四四の質問紙のうちで、三〇五、すなわち二九パーセントから回答があった。回答した校長の三九パーセントが、番組を聴いて恐怖に駆られた生徒がいたことに気づいたと報告した。平均五パーセントの生徒が恐怖感を抱いたと推定された。この問題に関心の高い校長から回答があったことは明らかであるので、どのような層を代表しているのか推定するのは難しい。生徒数を考慮すると、約二五万人の高校生が番組を聴いて、恐怖に駆られたと考えられる。

電話の量　ラジオ局、新聞社、警察署に殺到した、狂乱した電話の数が、米国電話会社の調査に

＊20――経済状況と教育が聴取者の反応の性質に及ぼした影響についての議論は、一三一頁の注参照。
＊21――この標本抽出法は全国を完全に網羅していたが、都市化の進んだ州や、農村部の学校の統合が進んだ地域に送られた質問紙の数は比較的少なかったので、人口分布に関する正確な校名は挙げていない。しかし、このような点について反論があるだろうが、これはより入念で、時間をかけた標本を正当化するというわれわれの目的に対して十分な重要性を有しない。

よって確認されている。[*22] 首都圏のニュージャージー州北部では、晩の同時間帯と比べて、放送時間帯に電話量が三九パーセント増加した。放送後の一時間には同じ地域で二五パーセントの増加を認めた。ロングアイランド州のいくつかの郊外では同じ時間帯で、五〜一九パーセント増加した。フィラデルフィア州周辺の六つの郊外での電話量の増加は、一〇月三〇日全体では九・六パーセントであり、ニューヨーク首都圏全体では電話量は通常を上回った。電話量が増加した理由は『宇宙戦争』の番組の影響以外には考えられないと、電話会社の担当者は考えていた。

番組を放送した九二のラジオ局の管理者に、質問紙を送り、放送中とその直後に局にかかってきた電話量について尋ねた。回答のあった五二名のうち、五〇名が電話が増えたと報告した。三七パーセントが、通常の日曜日の晩と比べて五倍以上増加したと報告した。三一パーセントは五倍未満の増加と答えた。他は具体的な数字を挙げていない。非常に多くの一般の人々の反応があったことはほとんど疑いがない。

手紙の量 番組が引き起こした関心は、放送終了後に届いた手紙の量にも現れた。放送局の責任者の3／4が通常受け取る手紙の量と比べて二倍以上増加したと述べた。五倍増と述べた例もいくつかある。CBSのキー局であるWABCにはこの件に関して一七七〇通の手紙が届き、楽しかった一〇八六通、楽しくなかった六八四通であった。マーキュリー劇場にはこの番組について一四五〇通の手紙が届き、大変楽しかった九一パーセント、否定的九パーセントであった。連邦通信委員会には六四四通の手紙が届き、否定的な手紙が六〇パーセント、肯定的な手紙が四〇パーセントであった。連邦の「放送の番犬」に宛てた手紙と、番組のプロデューサーに宛てた手紙の性質の間に差があったのはとくに驚くことではない。この差が明らかに示しているのは、自分の抗議を真剣に受け止めてもらいたい人は適切な権威ある機関に連絡を取ることに躊躇しないし、よいドラマを楽しんだ人は賞賛を与えてしかるべきところを褒め称えるということである。

新聞記事　放送の翌日の新聞に大騒動の一般的な状態が大々的に報じられたのは、月曜日の朝はニュースが低調であることがよく知られていて、それには好都合の出来事であっただけだとの意見をよく耳にする。もしも全人口の五パーセント未満しか反応しなかったと仮定すると、これは新聞記事にするのに正当な事件とは考えにくいだろう。しかし、人口の五パーセント以上に興奮をもたらしたならば、それはニュースである。上述した数字は、何か尋常ではなく、報道すべき価値があるという説を確認している。さらに、放送終了後の二週間にこの出来事に割かれた新聞記事の量を見ると、影響が長期化したことを示している。もちろん、魅力的な話を作りあげようとして細かな多くの点が付け足されていったという考えを完全に反論することはできない。

番組終了後の三週間で全国の新聞に掲載された、この出来事に関連する一万二五〇〇の記事を分析した。一般的には二〜三日で報道の量は急激に減るのだが、この件に関しては強い関心が五日間続き、第一週の終わりまで元の量の三〇パーセント以下に落ちることがなかった。[*23] この傾向は図1に示してある。この出来事についての新聞の関心は第二週の終わりまで、低く目に安定することが

＊22——データ収集に当たり、米国電話会社ニューヨーク支局通信部の皆様の協力に対して、筆者は感謝を申し上げる。
＊23——記事は評判の高いクリッピングサービスによって全州の新聞から集められた。筆者は、そのファイルを全面的に活用するのを寛大にも許してくださったマーキュリー劇場に深く感謝申し上げる。

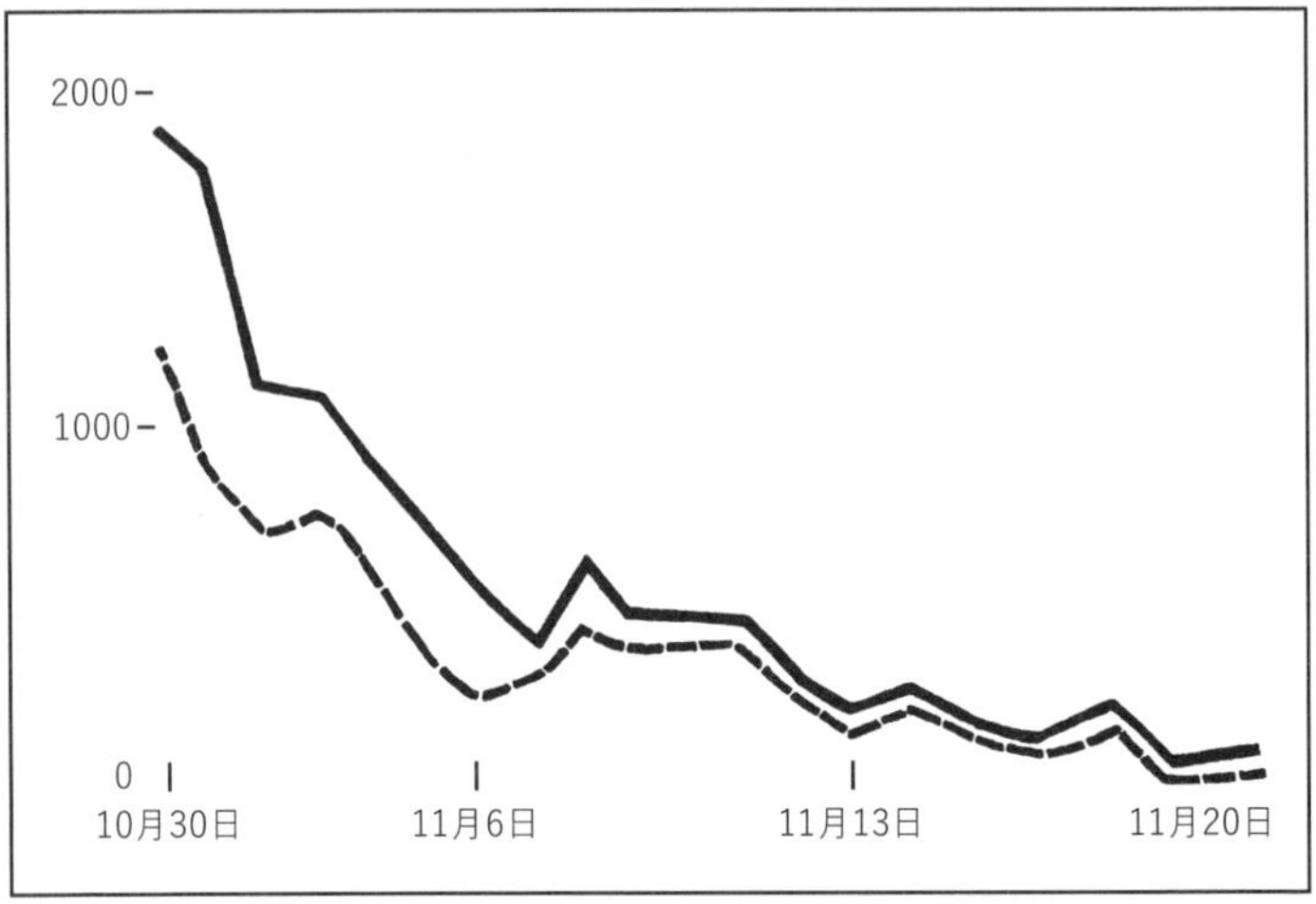

図1
実線：新聞記事の数　破線：記事を掲載した新聞の数

なかった。この分析が実施された第三週末でもかなりの量の報道がなされていたことに気づかれる。各紙あたりの記事の量が当初増加したのは、おそらく特別記事、人物記事、社説などが取り上げたためだろう。

この番組が全国のかなり多くの人々に影響を及ぼしたことはほとんど疑いようもない。さて、心理学者として抱く問題は、なぜこれほど多くの人が恐怖感を抱いたのかを探ることである。まず、番組自体を分析する必要がある。恐怖に駆られた聴取者が実際にその番組をどのようにとらえたのだろうか？　なぜこうも易々とフィクションと現実を混同したのだろうか？　これらの疑問や他の疑問についての答えを次章で述べることにしよう。

3

ラジオ劇のようには感じられなかった

It Didn't Sound Like a Play

その刺激をどう経験したのか

全米の数百万家族がラジオにしがみついて、火星からの侵略の報告に耳をそばだてた、この事件ほどの大きなパニックを引き起こした番組は他にはない。この番組は、米国最大の都市ニューヨークから全米ネットワークを通じて放送され、何が起きているのかを伝えた。放送の形式も内容もいかにも真実のように思えた。「私は番組が本物だとごく自然に考えました。それ以外にどう考えろというのでしょうか？」とある視聴者は語った。

この番組は実際にはごく一握りの視聴者に影響を与えただけかもしれない。そこでこの番組が引き起こした反応を説明しようとするならば、次の二つの基本的な疑問に答えなければならない。他のすばらしい放送が影響を及ぼさないのに、なぜこの放送だけがある種の人々を恐怖に陥れたのだろうか？　この放送に恐怖感を抱いた人と、抱かなかった人がいるのはなぜだろうか？　最初の疑問に対する答えは、これほど多くの聴取者に誤った判断基準（standard of judgment）を引き起こした、この番組の特性を探っていかなければならない。

番組のリアリズム

ドロシー・トンプソン（Dorothy Thompson）は「どのように劇化しようとも、どの時点で聴取者が聴き始めたとしても、いかにも本物らしかった」と述べている。[*24] 台本を読んだ人で、放送の最初の数分間はいかにも本物らしく、比較的洗練されていて、博識な人であってもほとんど信じこんでしまいそうだという点を否定できる人はいなかった（トンプソン夫人を除く）。この番組がラジオ劇として素晴らしい出来だったというまさにその点を見逃すことはできない。

この番組の非凡なまでのリアリズムこそが、放送の最初の部分で、聴取者の既存の判断基準に影響を及ぼしたかもしれない。判断基準とは、個人の判断の基礎となる組織化された精神的背景という意味である。ある刺激が判断基準に沿った解釈の領域にぴったりと当てはまって、矛盾しなければ、その刺激が信じられる可能性が高い。番組を聴いて、すぐにそれを実際のニュースととらえてしまうような、受け入れやすくて一般的な基準のいくつかについて以下に解説していく。伝えられた出来事があまりにも現実離れしていたとしても、最初の解釈を持ち続けることを説明できるような、より個人的な判断基準を探っていくという問題は後で議論する。

重要な声明を伝える手段として受け入れられているラジオ　米国でラジオがはじめて全国的に広く使われたのは選挙結果を伝えるためであった。それ以来、地方、全国、世界についての重大発表にラジオが繰り返し用いられてきた。ウェルズの放送の数週前には、数百万人の聴取者がヨーロッパに近づきつつある戦争のニュースをラジオで聞いていた。熱心にそして不安に駆られながら聴いている大衆に深刻な緊急事態の情報を伝えたり、警告を発したりするために、音楽番組、ドラマ、その他のすべての放送は突然中断されることがあるのはごく当たり前だと、人々は受け止めるようになってきた。非常に多くの聴取者、とくに低収入で教育水準の低い人々は、ニュースを知るために、新聞よりもラジオに頼るようになってきた。[*25] 人々が情報源としてラジオを信頼していることは、フォーチュン誌の次の質問に対する答えに現れている。「偏見のないニュースを、あなたはラジオか新聞の

＊24――Dorothy Thompson: On the Record. New York Herald Tribune, 一九三八年一一月二日号。

どちらから知ることができますか?」という質問に対して、新聞と答えた人が一七パーセント、ラジオニュースのほうが偏見が少ないと信じていた人が五〇パーセント、その他は、どちらも同様か、わからないであった。

とくに聴取者がマーキュリー劇場を聴いたこの晩には、ニューヨークの「パークプラザホテル」の「メリディアンルーム」から「ラモン・ラクエロ楽団」の音楽が流れてきた。最初の曲が始まって間もなく、アナウンサーが告げた。「皆さん、ここでダンス音楽の番組を中断して、インターコンチネンタル・ラジオニュースから緊急情報をお伝えします」。今、冷静になって考えてみれば、「インターコンチネンタル」ニュースというところにまず疑いを抱くだろう。しかし、番組を聴いているというまさにその状況では、疑いが減ってしまう。このニュースは、火星での最初の爆発について報じた。音楽が再開されたが、ふたたび次のような放送で中断された。「皆さん、つい先ほどお伝えした特別ニュースの後、気象庁は、全国の主要な天文台に火星に生じている異常の進展について引き続き観測を続けるように指示を出しました……」。このニュースには「ニュージャージー州グローバーズミル近郊の農家に、巨大な、火を噴く物体が落ち、おそらく隕石だろう」という情報が含まれていた。二〇秒間、スウィングバンドの演奏が入る。そして、侵略が着々と進んでいく。

恐怖に駆られた聴取者で面接された人のほとんどすべてが、後で振り返ってみて、ラジオを信頼していて、このような重要な発表にこそラジオが使われると思ったと述べた。彼らの態度を示す意見をいくつか挙げてみよう。

「私たちは放送をとても信頼しています。危機の時には、ラジオはすべての人々に届きます。それこそがラジオの価値です」

「アナウンサーは、これは本当ではないなどとは言いません。単なるドラマであれば、かならず、そう説明します」

「解説者が可能な限り最高のニュースを伝えていると、私はいつも感じています。この番組の後でも、私は今もラジオの内容を信じています」

「音楽を突然中断して、ニュースが始まったのを聴いていて、単なるドラマには聞こえませんでした」

語り手の名声　社会心理学者、広告主、宣伝員にはよく知られた事実だが、性格、能力、地位が高く評価されている人が保証したり、その人自身から発せられたりすると、ある種の考えや製品が受け入れられる可能性が高くなる。自分が直面している、ある特定の状況を解釈したり、その意味を見出したりする時や、判断を下したり、意味づけをしなければならない時に自分自身の判断基準がないと、この名声がもたらす暗示性はとくに高くなる。この番組でアナウンサーが伝えた不思議な出来事は一般の経験をはるかに超えたものであるとともに、聴取者にとって個人的に非常に重要な意味を持つ可能性があったため、聴取者は狼狽し、何らかの判断基準を必死に探し求めた。出来事や考えがあまりにも複雑であったり、自分の日常の経験からかけ離れたりしている多くの状況と同様に、それを真に理解できるのは専門家だけであり、素人は専門家を頼りにして、それを解釈するしかないと考えたのである。

＊25――Fortune、一九三九年八月号、六五頁。ラジオによるニュース放送についての詳細な考察は次の著書を参照されたい。Paul Lazarsfeld: Radio and the Printed Page.（現在準備中）Princeton Radio Project.

当然、この場合の「専門家」とは天文学者ということになる。名前（すべて仮名）が出たのは、シカゴのマウント・ジェニングズ天文台のファーレル教授、プリンストン天文台のピアソン教授、トロントのマクミラン大学のモース教授、カリフォルニア天文学会のインデルコッファー教授、英仏独の「天文学者や科学団体」である。リチャード・ピアソン教授（オーソン・ウェルズ）がこのラジオ劇の主人公であった。

団結して行動し、防衛する必要が出てくると、ふたたび専門家が登場した。今度はトレントの州兵司令官のモンゴメリー・スミス准将、赤十字社副社長のハリー・マクドナルド氏、通信隊のランシング大尉であり、最後に、内務長官が状況を説明し、避難と攻撃を命令し、全員に各自の義務を果たすことを要請した。内務長官とだけ伝えられたのは興味深い。聴取者は、政府機関の役割や名前が伝えられない人に完全に影響を受けたのだ。専門家や権威者の機関としての名声は、それらの人個人よりも、意味があり重要であることは明らかである。

この劇的な手法は多くの影響をもたらした。

「プリンストン大学の教授やワシントンの高官の話を聞いて、私はすぐに放送を信じました」

「これらすべての兵隊が派遣され、内務長官が話したので、私は非常に危険な状況であるとわかりました」

「これほど多くの天文学者が爆発を観測したというのであれば、本当に起きたことは間違いない。彼らはきっと観測したのです」

特殊な出来事であるとの理解　聴取者が容易に想像できるような特定の出来事を描写することによって、放送の現実性は増していった。このような状況でよく使われる、馴染みのある表現が頻繁に用いられた。たとえば、ガスは「黄色っぽい、緑色」であった。警察官が「こちら側だけです、下がってください」と警告した。「なんてことだ。滅茶苦茶だ」と叫ぶ声がした。具体的に詳細な点を語る例として、次のモンゴメリー・スミス准将の声明が挙げられる。「私はニュージャージー州知事より、マーサー郡とミドルセックス郡から、西はプリンストン郡、東はジェイムズバーグ郡まで戒厳令を敷くように指示されました。州あるいは軍当局から発行された特別な通行証がなければ、この地域に入ることは許されません。州兵の四中隊が、トレントンからグローバーズミルに進出中であり、軍事行動の範囲内の住民の避難を助けます」

ニュージャージーとマンハッタン地区の聴取者にとってとくに怖ろしかったのは、自分たちがよく知っているグローバーミルズ、プリンストン、トレントン、ニュージャージーといった町が番組のはじめに出てきたことだった。さらに、プレインズボロ、アレンタウン、モリスタウン、ワッチング山、バヨンヌ、ハッチンソンリバー高速道路、ニューワーク、パリセイド、タイムズスクエア、五番街、プラスキー・スカイウェイ、ホランド・トンネルなどはニュージャージーやニューヨーク在住の人々にはどれも馴染み深い。そして、全国の聴取者もこれらの名前の多くが本当だととらえた。

「アナウンサーが『皆さん、二三号線を通らないでください』というのを聴いて、私はこれが本当だと思いました」

「私はサウス・ストリートとかパルスキー・ハイウェイといった場所が出てくると、放送をすっかり信じてしまいました」

「このあたりではない場所や通りについて語っていたのであれば、私はこれほど易々と信じこんだりしなかったでしょう」

全員が狼狽した　報告されたこの出来事は、最初はいかにもありそうな事から始まり、きわめて信じがたい事態へと発展していった。たしかに尋常ではないものの、最初の発表は多少なりとも信じられそうな出来事であった。最初は「気象の異常」で次に「白熱ガスの爆発」となった。地震計が地震の規模の振動を記録したと、ある科学者が報告した。さらに、森の近くに落ちた隕石が発見された。ここまではいかにもありそうなことである。

しかし、あまり信じられないようなストーリーが少しずつ出てくるようになると、劇中でも自分が目にしているものが信じられないと指摘された。その物体が隕石ではなく、金属製の物体であることがわかると、「奇妙な光景はまるでアラビアンナイトが突然現代によみがえったようです」「すごい」「勇敢な人たちがあえて近寄っています」などと伝えられた。聴取者がその物体の端が開いたと知らされる前に、アナウンサーは驚きの言葉を発する。「皆さん、大変です!」。先端が開くと、彼は「私がこれまでに見たもっとも恐ろしいものです。……これほど奇妙な経験はありません。私は言葉が見つかりません……」と叫ぶ。数分後に、今度はピアソン教授が次のように発言する。「私は、その性質、起源、地球にいる目的など学術的な情報を皆さんにお伝えすることはできません。……この生物には、われわれよりもはるかに進歩した科学的知識があることはきわめて明らかです。私の推量ですが……」。グローバーミルズにおけるモンスターと兵士たちの戦闘の後に、アナウンサーはこの信じられない報告について最終結論を聴取者に伝える。「私は深刻な報告をしなければなりません。とても信じられないと思われるかもしれませんが、科学的な観察からも、そして、私たち自身の目で見た証拠からも、今晩ニュージャージー州の農地に到着した奇妙な生物は、火星から地球を侵略しに来た軍の先兵であると考えるべきでしょう」

聴取者の狼狽は、目撃者の言葉でさらに増した。科学者自身が狼狽しているほどだから、奇妙な生物は並外れた知性を有していることに、素人は気づく。出来事について何の説明もされない。「神を信じて」と聴取者に呼びかける内務長官の諦観と絶望感は、適切な方向の行動を示していない。急激に進展してきた出来事を判断するのに使えるような判断基準がない。もはやパニックは避けられない。

全体の経験　日常生活の行動やごく普通の一日における個人の反応を慎重に観察すると、正常な個人は社会生活の中で社会からの刺激にあるパターン、あるいは一定の型を示していることが明らかになる。（もしもそれを試みるにしても）われわれを強く印象づける特定の性質を形作る状況の中でそれが何であるのか正確に分析するまでもなく、ある「雰囲気」だとか社会状況の「効果」にわれわれは気づいている。贔屓のチームを熱狂的に応援し、バンドの音楽に耳を傾け、叫び、チームを見守っているフットボールのファンは、「フットボールの試合場にいる」という気分を経験をしている。この経験は、もちろん、ファンに影響を及ぼすさまざまな刺激によるものであるが、これらの刺激全体をパターンとして認識し、遠くからわざわざ旅行してきたファンの気分などとも互いに密接に作用している。教会にいる人も同様な経験をしていて、その社会状況の性質を自分にとって意義深い形容詞で表現することができるだろう。がらんとした大聖堂の中で感じる「畏敬」や「服従」の念でさえも、一連の関連した、特定の過去の経験の蓄積というよりは、その場の直接の認識のように思われる。

もちろん、何らかの望ましい行動を引き起こすような適切な雰囲気を醸し出すことがいかに重要であるかを、信仰復興論者、枢機卿、劇作家、そしてとくに現代では独裁者はよく知っている。望ましい熱狂を煽るためには、ヒトラーやゲッペルスは国や党の式典を前にして入念に準備する必要があることを認識している。ヒトラーやゲッペルスが追い求めているのが全体の効果であることは明らかであり、それは作曲家が交響曲の各部を作曲している時でも、つねに全体のテーマを心に描いているのと同じである。ナチスのニュールンベルク大会における光、旗、軍服、飛行機、行進、歌、演説のすべては党の日の全体の経験を形作り、総統への崇拝を強めていく。

議論する際に、確信を産み出すと思われる重要な性質に沿って、われわれはこの番組を分解してみた。個人が番組のどのような特定の要素に条件づけられたかを示すことによって、この種の分析をさらに深めることができるだろう。しかし、この方法を進めすぎると、社会的刺激は本質的には、人々が何らかの形で反応を身につけている一連の目立たない要素であると思いこむという問題を誤って強調することになりかねない。社会的刺激状況はそれ自体特徴的で、独特の性質があるという点を、この方法が見落としている可能性があることが非常に重要である。全体のパターーンや刺激の輪郭に内在するこれらの性質は、ある形に内在する「三角」とか「四角」といった性質のようなものである。

火星人の侵略というこの番組にはある「雰囲気」やそれ自体の構成があり、あるひとつのことを描写するために必然的に用いられた方法論が、全体として経験された状況を取り扱っているという事実を曖昧《あいまい》にしてはならない。他者に比べて、全体の経験よりも、ある特定の要素が重要である人もいるかもしれない。事例研究は非常な多様性を示している。しかし、全体の状況から完全に切り離してしまうと、報告された経験には意味がないように思われる。要素を強調するというのは調査の方法論ではあるが、対象全体をとらえることにはならない。読者がこの点について疑問を感じるならば、第二章の冒頭で報告された反応を再読してほしい。

途中から放送を聴く

番組がいかにありありとしたものであったとしても、冒頭ではっきりと伝えられた説明を聞いていれば、この番組の内容を本物であるととらえる聴取者はほとんどいなかっただろう。もしも聴いていなかったならば、聴取者は興奮し、恐怖に襲われたかもしれない。しかし、その恐怖は番組の劇的なまでのリアリズムに基づいたものであったのかもしれない。自分が巻きこまれるという強烈な感情はなかったかもしれない。ラジオ局の中の「向こう側」で起きていることであって、聴取者自身の州や国の「まさにここで」起きているのではないと気づいたかもしれない。このように、出来事を解釈するうえで「正しい」判断基準を用いた（適切に距離を置いて、あるいは単なるラジオ劇であるととらえていた）聴取者もいれば、「誤った」判断基準を用いた（放送が現実であり、ニュースであるととらえた）聴取者もいた。

最初の説明の後に、途中から番組を聴き始めた聴取者の数は、二種の個別の調査によって得られた情報から推定できるだろう。番組を聴き始めた時間が、後の反応を生じさせるうえでの重要な決定因であることを、これらの調査のデータが示している。

ＣＢＳは放送の一週間後に全国の聴取者九二〇名を対象に面接調査を実施した。*26 他の質問としては、「あなたは番組のどの部分を聴きましたか?」「あなたはそれが単なるラジオ劇と認識していま

表1　聞き始めた時間と解釈（CBS調査）

解釈	聴き始めた時間 最初から（%）	途中から（%）	合計数
ニュース	20	63	175
ラジオ劇	80	37	285
合計%	100	100	—
合計数	269	191	460

したか、それとも現実のニュース放送と考えていましたか？」であった。四二パーセントが途中から聞き始めたと回答した。表1のように、途中から聞き始めた人ほど番組がニュースであるととらえた傾向が極めて高く、最初から聴いていた人は放送は単なるラジオ劇であるととらえた傾向が高かった。最初から聴いていたのに、番組がニュース放送であると考えていた人は、全被検者のわずかに一二パーセントであった。

ＡＩＰＯの調査では、「あなたは最初から聴いていましたか、それとも番組が始まった後で聴き始めましたか？」と質問された。途中から聞き始めた六五パーセント、最初から聴いていた三五パーセント、覚えていない四パーセントであった。表2に示すように、この調査でも、途中から聴き始めた人のほうが番組を実際のニュースであるととらえる傾向が高かった。最初から聴いていたのに、ニュース放送だと信じていたのは全被験者中わずかに四パーセントであった。[*27]

両調査ともに同じ結論に達した。すなわち、途中から番組を聴き始めたということこそが、誤った判断基準を使うように働きかける、まさに本質的な条件であった。たしかに、途中から聴き始めたのに、放送は単なるラジオ劇だと認識していた人も多かった。どうしてこのような結果になったのか、どのような人がこう判断したのかにつ

表2　聞き始めた時間と解釈（AIPO調査）

	聴き始めた時間		
解釈	最初から（%）	途中から（%）	合計数
ニュース	11	35	104
ラジオ劇	89	65	267
合計%	100	100	—
合計数	134	237	371

いては、次章で議論する。しかし、ここでは、どのようにして最初から聴いていて、冒頭に劇であると明らかに説明されていたのに、ニュース放送だと誤ってとらえたのだろうかという疑問を発して、そ

＊26——著者は、これらのデータの解析を許可してくださったCBSに感謝申し上げる。非常に多くの事例を集計する時間的な余裕がなかったため、対象の半分（全九二〇例中、四六〇例）だけ用いた。折半法によって、標本を分割した。

＊27——放送がニュースであると思っていた人の割合は、AIPO調査よりも、CBS調査のほうが明らかに高い。この差はいくつかの条件によるものであるだろう。第一に、CBS調査は放送後数日以内に実施されていたので、回答者は他の多くの人も自分と同じように騙されたと考えていて、自分の失敗を進んで認める傾向が高かったのかもしれない。さらに、AIPO調査の対象は全人口であったのだが、CBS調査の面接者は、協力してくれる聴取者ならば誰にでも質問するようにと指示されていたので、この興奮する経験を話したいという人を数多く対象としていた可能性がある。

　さらに、CBSの標本には、最初から聴いていた人の割合が高いという点にも気づかれる。両調査の差を十分満足に説明するのは難しい。AIPOの面接者に質問された人は、後に起きるより極端な出来事や後に放送された内容を覚えていて、冒頭の部分を忘れてしまっていたのかもしれない。この点では、CBS調査のほうが精力的かつ詳細に実施されているので、より正確であるように思われる。

れに答えるのが重要である。

このような誤解が生じたのには二つの主な理由があることが、両調査を分析して、明らかになった。第一に、マーキュリー劇場を聴いていた多くの人々が、通常のラジオ劇番組が中断されて、特別ニュース放送が始まったと考えた。ラジオ放送が一九三八年の戦争の危機について伝えたという経験があったため、このような番組の中断は初めてではなかった。期待していた番組とは無関係なニュースを放送全体として受け入れるというのは、ごく一般的な流れであった。CBS調査で、最初から聴いていて、放送が実際のニュースだと考えた五四人のうちで、三三人（六一パーセント）が番組の中断はごく自然なものに思えたと述べている。以下のようなコメントからも明らかである。

「私は、他の番組でも同じように中断されて、ニュース放送になったのを聞いたことがあります」

「ウェルズが番組を中断して、ニュースを流すと言ったのを、私は信じました」

「いかにも本物のニュースのように放送されました」

誤解が生じた他の主な理由は、冒頭の説明にはあまり注意を払わないという根強い習慣がある。とくに関心のあることが放送されていると気づくまでは、ラジオを注意深く聴こうとしない人がいる。最初番組の冒頭では局名やしばしば宣伝が伝えられ、おそらくこの部分は無視されてしまうのだろう。最初から聴いていたにもかかわらず、誤解した五四人のうち、約一〇パーセントは番組冒頭の説明に何の注意も払っていなかった。このような人々はたまたまCBSに合わせたのであって、誤解した他の人々と異なり、マーキュリー劇場を聴こうとしたのではなかった。

「我が家のラジオは数時間もその局に合わせられていました。大声の興奮した声を耳にして、興味が湧きました」

「我が家のラジオは前もってその局に合わせられていたのですが、私はほとんど注意を払っていませんでした」

「友達が自宅に来ていて、トランプをしている間、ラジオがついていました。ニュース解説者が番組を中断したのが聞こえましたが、最初はあまり注意を払いませんでした」

「農夫が着陸した円柱状の物体について話し始めて、私ははじめて番組を注意して聴き出したのです」

ラジオの特性について研究している者ならば誰でも承知していることだが、ラジオの短所とは、時間に関して柔軟性に乏しい点である。聴取者が番組を聴きたいと考えるのであれば、正確な時間に特定の局に合わせなければならない。この点では、印刷媒体のほうが柔軟性が高い。*28 新聞、雑誌、本は都合のよい時に読むことができるが、ラジオ番組はほんの短時間しか放送されず、その後は永遠に消え去ってしまう。しかし、放送関係者は、比較的少数の人しか読書をしないと反論することもできるだろう。

このラジオの短所は、広告主、政治家、教育者に多くの実質的な結果をもたらす。広告主は顧客になる可能性のある人々に対して高額な広告料を支払いたくはない。聡明な政治家も、可能な限り多くの聴衆を魅了するのに、最高の演説を無駄にしたくないと思う。故ヒューイー・P・ロング(Huey P. Long)はラジオについての選挙民の習慣をよく承知していて、ある番組を次のように始めた。「皆さん、ヒューイー・P・ロングです。私はとても重要な秘密を明かすつもりなので、皆さん

＊28――前掲 Paul Lazarsfeld 参照。

が電話を取って、友達五人にこの番組を聴くように伝えてください。私は最初の四〜五分間は特別なことは何も話すつもりはありませんから、その間にぜひ電話で友達にヒューイー・ロングの放送を教えてください」

途中から聴き始めた多くの人々の中には、たまたま番組の最初からダイヤルを合わせていて、なにか面白そうなものを探していた人もいれば、特定の番組を聴きたいと思っていたが、時間を間違えた人も含まれる。CBS調査では、途中から聴き始めた人の三分の二はダイヤルを合わせた時にどの番組を聴きたいかわからなかったと答え、一二パーセントはオーソン・ウェルズの番組を実際に最初から聴きたかったと答えた。[*29]

番組の途中から聴き始めるというのは今ではごく普通の聴取態度である。しかし、途中から聴き始めることが集団ヒステリーにつながりかねないことが今回明らかになった。こういった現象はきわめて稀ではあるのだが、危機や国家的な緊急事態に際してはおそらく重要な意味を持つだろう。このような状況では、途中から聴いた人が恐怖を感じたりせずに事態を理解できるように、特別な方法でニュースや情報を伝える必要があるかもしれない。この問題がわれわれの目的にとって重要であるのは、前述したAIPOとCBSの調査結果を総合して、なぜ約五〇パーセントという非常に高い率の人が、この番組を途中から聴き始めたのかを探る必要がある。

聴取者が途中から聴き始めた理由の多くの割合として主に二つの理由があるようだ。第一に、マーキュリー劇場は、ウッデン・ヒーロー[*30]やチャーリー・マッカーシーといった週の他のさまざまな番組と聴取率を競い合っていた。民間の研究機関フーパー社の定期的な週調査によると、オーソン・ウェルズのマーキュリー劇場とマッカーシーの番組の聴取率はそれぞれ三・六パーセント対三四・七パーセントであった。地域限定の「受信調査」であるが、一家族平均で、チャーリー・マッカーシーの番組一時間のうち四八分間聴いていた。マッカーシーと相手役のバーゲンがこの競争相手の放送の目玉だったので、番組全体を聴かなかった人は、ふたりの面白おかしいやりとりが終わってしまうと他の局に替えたのか、興味を覚えるような何かが見つかるまでダイヤルをあちこちに替えていたのだろう。もしも多くの人がこのようにすると、ウェルズの番組を事実と誤解して、ありありと描写されている状況についてもっと知りたいと考えて、番組を聴き続けることだろう。

この可能性を検討するために、マーキュリー劇場の放送を聴いていたことがわかっている八四六人に調査票が送られた。その一時間のうちのどのような時間でもチャーリー・マッカーシーの番組を聴いていたか、そして、もしも聴いていたならば、チャーリー・マッカーシーの最初の出番が終わって、他の局に替えたかと質問した。五一八名から調査票が戻ってきた。そのうちの一八パーセントが番組を聴き続けて、六二パーセントがマッカーシーの最初の出番が終わると、オーソン・ウェルズの番組にダイヤルを替えたと答えていた。火星人の侵略がもたらした興奮は、チャーリー・マッカーシーの番組の熱心な聴取者一二パーセントには明らかに無関係であった。

途中で聞き始めた人の中に興奮が強まっていった第二の重要な理由は、興奮の伝染であった。こ

＊29――しかし、聴取者にお気に入りの番組があって、いつも聞いていたり、特別な番組をぜひ聴きたいのであれば、しばしばその局にダイヤルを合わせて、聴き逃すまいとするだろう。もしも教育番組の直後に評判のよいバラエティ番組が続くのであれば、当然、前の番組の終わりのほうは多くの聴取者を惹きつける。ある番組が幸運にもボクシングの試合の前に放送されるならば、その聴取者は二倍になるかもしれない。

＊30――訳者注：木製のヒーローが活躍する子ども向けの当時の人気番組のようである。

のニュースに恐れおののいた人々の多くが、大慌てで友達や身内に電話をかけた。AIPOの調査では、途中から聴き始めたすべての人に対して「その番組が始まった後で、誰かから番組を聴くように言われましたか？」と質問した。二一パーセントが「はい」と答えた。フーパー社によるCBSに関する特別電話調査では、質問された一〇三人のうち一五パーセントが電話がかかってきて番組を聴くようにと言われて、途中から聴き始めていた。CBSの独自調査では、他者からニュースを聴くように言われたので、途中から聴き始めた人は一九パーセントであった。

番組を途中から聴き始めたのは、それがよく知られた聴取習慣のためであったり、あるいは、番組が一部の聴取者を興奮させて、その結果熱心に聞き続けたり、知人にこの奇妙な報告を聴くようにと伝えて、他の聴取者を刺激したためであったりした。いずれにせよ、途中から聴き始めたことは、聴取者がこの番組が単なるラジオ劇か、あるいは真実のニュース報道ととらえるのかに決定的な役割を果たしたと思われる。火星人の侵略というストーリーがあまりにもありありとしていたために、適切な警告がなければ、誤解が生じる危険が高かった。

4 何かをしなければならない

We'd Better Do Something

どのような反応が起きたのか

この現実感あふれる番組を途中から聴き始めたというのが事実であったとしても、けっして全員がこれを真のニュースと信じたわけではなかった。そして、侵略が迫っていると考えても、危険を目前にして皆が同じように行動したわけでもなかった。人々が異なる行動に及んだ理由を理解する前に、反応をいくつかの重要な群に分けてみる必要がある。そうしなければ、意味ある概念化は不可能である。

行動を説明するというわれわれの究極の目的は、パニックの理由を理解することである。同様の状況に置かれた時に誰がパニックに陥るかを予測できるかという点を検証してこそ、われわれの理解の妥当性が保証されるだろう。近い将来にふたたび火星からの侵略が起きるとは想像しにくいので、調査者が発見したさまざまな行動について分析して、われわれの最終的な説明を検証してみよう。より深く理解するためにデータを分類していくにあたって、もちろん、われわれは仮説を立てる。このような過程は不可欠である。しかし、いかなる分類の理由についても、ある種の正当性を証明する必要がある。

手紙による回答、面接、新聞記事などから、数百人の人々の反応について情報を集めた。これらの反応を多くの方法で分類した。たとえば、自宅から飛び出した人とそうしなかった人、あるいは番組をすべて聴いた人と途中で聴くのを止めた人で分類した。しかし、このような分類では、最終的な心理学的意味はおそらくほとんど明らかにできないだろう。最初は、放送を聴いて驚き狼狽《うろた》えた反応を示した人と冷静でいられた人を識別するのがもっとも合理的であるだろう。このように分類することがきわめて有用であったと証明されたのだが、それは後で詳しくみていこう。しかし、ひとつの重要な心理学的要因がこの分類には含まれていなかったことが明らかになった。それは、パニック状況で示された知的行動の程度である。放送を鵜呑みにして怖がっていた人もいれば、ニュース放送の信憑性を検討したうえで怖がっていた人もいたとするならば、怖がっていた聴取者と怖がらなかった聴取者を分けることは、情報源の重要性を曖昧《あいまい》にしてしまう。

最高の理解をもたらすように最終的にデータを総合する分類とは、被面接者が示した行動に厳密に基づくものであった。四つのカテゴリーがあり、全員が最初は放送が本物のニュース報道だと考えていたと仮定している。

1　番組の客観的証拠を分析して、真実ではあり得ないと判断した人
2　放送と他の情報を比較して、それがラジオ劇であると判断できた人
3　放送と他の情報を比較しようとしたが、それでもいくつかの理由から、放送が真のニュースであると信じ続けた人
4　放送や出来事の信憑性をまったく検討しようとしなかった人

この分類は、ある個人が反応のタイプばかりでなく、その人の意図や能力について他の何らかの側面も示している。行動の過程や機能についても物語っている。どのような方向を示したか分析することによって、反応の最初と最後について何かを学ぶことができる。行動のタイプを表し、それによって聴取者に認められる多くの特徴と関連づけることができるだろう。この分類は一三五人の詳細な面接を分析した結果から得られた。

1 番組の客観的証拠を分析して、真実ではあり得ないと判断した人

このカテゴリーの人は、番組が架空のものであると認識できたため、番組の最後まで恐怖が続くことはなかった。このカテゴリーの聴取者の反応を分析したところ、彼らが個別の判断を下した二つの主な理由が明らかになった。

このような人々の約半数は、ある特定の情報を持っていて、それをこの状況に当てはめることができたために、番組が単なるラジオ劇であると気づいた。放送をH・G・ウェルズにすぐに関連づけた聴取者もいた。『宇宙戦争』を読んだことがある人も数人いた。

「ラジオをつけて、オーソン・ウェルズの番組を聴こうとしたのですが、隕石の落下はごく普通のニュースのように聞こえて、それがウェルズとはまるで思いつかなかったのです。私の心の中の時計がおそらくひどく速く動き出したようでした……機械がふたつに割れても、**私にはそれが何であるか想像もつきませんでした。**奇妙な形の生物がそこから這い出して来ると、**突然、これはオーソン・ウェルズの番組だと閃《ひらめ》いて、でも、**この番組は『宇宙戦争』だと気づきました」

オーソン・ウェルズと気づいたとたんに、心が落ち着いたという人もいた。

「……奇妙な生物が這い出して来ると、私はいつものように最初の部分を信じてしまい、その後もすっかり信じていました……番組がいかにもありありと創られていたことに私はすっかり引きこまれていたのです。何か耳慣れたものが聞こえてくるまでは、私はすっかり引きつけられていました。

それは、もちろん、オーソン・ウェルズでした。後で考えると、自分が本当に愚かだったと感じました。うまく創られていて、まったく疑ったりしませんでした」

自分が慣れ親しんだ、ある種の空想科学小説とあまりにもよく似ていたので、放送は誤りに違いないと認識していた人もいた。

「私は、最初、隕石の落下にとても興味がありました。隕石が落下しても、それほど大きな物を発見することは実際にはあまり多くはないからです。**しかし、末端部が開いて、モンスターが這い出てくると、『あのアメージング・ストーリーズ誌からとった話だ。それをドラマにしている』と私は自分に言い聞かせました。**こんなことが本当であるはずがない。私がアメージング・ストーリーズ誌[*31]で読んだ話とよく似ていたのですが、もっと興奮をかきたてるものでした」

「煙が広がっていると聞いた瞬間、私は火事かもしれないと考えました。しかし、『人々が蝿のように落ちてくる』というような表現を使っていたので、**どこか現実離れして響きました。**アナウンサーがこのような事態を描写しているのに、不自然なほど冷静なことが、私には不思議でした。そして、事態の展開が速すぎて、数分間で煙とガスが拡散していきました。それほど速く拡散するはずがないだろうと思いました。一分間ほど聴いていて、私は『空想科学小説のバック・ロジャーズの話のようだ』と言いました」

ある聴取者は軍隊経験があったため、災害現場に急派される歩兵の三連隊は近傍には存在しないことを知っていた。彼は「だから、私は放送が真実であるはずがないとわかっていました」と話

＊31——訳者注——一九二六年に米国で創刊された世界初の空想科学小説専門誌。

した。

このカテゴリーに入る他の半分は、短時間だけ放送を信じたものの、その後の出来事についての描写を深刻に受け止めることができなかった人であった。放送で耳にしたことと自分がたしかに知っていることの間に明らかに矛盾があった。

「それはすべて、人々が大慌てで動き回るようになるまでは、完全に現実のように響いていました……人々が数分間で二〇マイルも動くと、私はちょっと立ち止まって、これが今まで聴いた中でもっともすばらしい出来のラジオ劇であると気づいたのです」

「……私はアナウンサーがニューヨークから次のように言うのを聴きました。タイムズスクエアに火星人が立っているのが見えていて、**その背丈が高層ビルと同じくらいだ**というのです。私はそれだけ聴けば十分でした。火星人という単語だけで十分で、空想的で信じられないような描写は不要でした……それがラジオ劇に違いないと気づきました」

「私はこのとても信じられない出来事を、自分が信じられるようなものへと、ぎりぎりまで解釈を試みました。もう自分の心を捻じ曲げようもない点まで考え抜こうとしたという意味です。そして、それが実際にあり得ないというところまで徹底的に考え抜いて、結局、放送を信じるのをやめて、それが単なるラジオ劇に違いないと気づいたのです」

2　放送と他の情報を比較して、それがラジオ劇であると判断できた人

このカテゴリーの人は、第一のカテゴリーの人と同じ理由で自分の置かれた状況を判断しようとした。聴いている「ニュース」に疑問を抱いたのである。伝えられることが単にあまりにも現実離

れしていて信じられないと考えた人もいれば、事態が進展していくスピードが速すぎて現実的でないことに気づいた人もいたし、そうするのが理にかなっているように思えたために番組をチェックしてみようと考えた聴取者も数人いた。自分の直観を検証するという彼らの方法は、番組内の放送を他のいくつかの情報と比較することであった。このカテゴリーで確認のために非常に広く使われた方法は、単純明快なものであり、他の放送局でも火星人の侵略を放送しているかを確かめることだった。このカテゴリーの半数以上の人がこれを試みて、満足した。さらに、他の数名はこの方法に加えて、新聞のラジオ欄を確認した。新聞にさっと目を通しただけの者もいた。ある人は友人に電話をかけて、別の人は窓の外を眺めた。

「私がそう考えた理由は思いつかないのですが、これはラジオ劇だろうと思いました。しかし、ダイヤルを**WORに合わせて、同じニュースを流しているか**確かめました。その局ではこんなニュースを放送していなかったので、真実であるはずがないとわかりました」

「ダイヤルをその局に合わせたところ、隕石が落下したと聴こえました。その後、モンスターとか言っているので、何か変だと私は思いました。**そこで、私は新聞を見て、**どんな放送があるのか確認したところ、それが単なるラジオ劇であるとわかったのです」

3　放送と他の情報を比較しようとしたが、それでもいくつかの理由から、放送が真のニュースであると信じ続けた人

このカテゴリーの人と、確認に成功した人の間には、二つの特性の差が認められた。第一に、このような人々がともかく確認しようとした理由を面接から明らかにするのが難しかった。彼らは報

道の信憑性を確認する客観的な証拠を探ろうとしているようには見えなかった。ひどく恐れ戦《おのの》いて、個人的な危険に曝されているかどうかを必死になって探ろうとしていただけのように見えた。第二に、彼らの用いた確認行動は、単に非効率的であり、信頼できないものであった。このカテゴリーのほぼ三分の二が用いた、もっとも多かった方法とは、窓の外を眺めたり、戸外に出ていくといったことだった。友達に電話をかけたり、近所の人々に相談した人もいた。数人は警察や新聞社に電話をかけた。一人だけがラジオのダイヤルを他の局に合わせた。一人だけが新聞で確認した。

このカテゴリーの人々のとった確認が効果が上がらなかったのにはいくつかの理由がある。彼らのうちの何人かにとっては、新たに手に入れた情報は、すでに固定された判断基準に基づいた解釈を再確認するだけであった。

「私は窓の外を見渡したのですが、すべてがいつもと同じでした。**そこで、まだこの地域には達していないだけなのだと考えました**」

「私は外に出て星を見ました。晴れた空が目に映ったのですが、**それでもなんとなく不安でした**」

「私は走って窓辺に行き、外を眺めましたが、**何も見えなかったので、まだこの地域には達していないと考えました**」

「私は窓辺に行き、ニューヨークの方向を眺めました。**そこには何も異常な物は見えなかったのですが、火星人がまだニューヨークにまで達していないのだと考えました**」

自分が観察したデータが、放送が真実だという補足の証拠になると解釈した者もいた。

「私は弟二人と自宅にいました。両親はニューワークのパーティーに出かけていたのです。『ニューワークの皆さん、戸外に出てください』という放送を聴いて、ひどく怖くなりました。私は母に電話して、どうしたらよいか尋ねようとしましたが、**電話が通じません**。後でわかったのは、両親はアパートの空き室でダンスをしていたのです。私が電話した場所には誰も残っていなかったのです。私は両親はすでに火に包まれてしまったとばかり思いました」

「私たちが窓の外を眺めると、ワイオミング通りは自動車で渋滞していました。**人々が避難**しているのだと、私は考えました」

「私の通りには自動車は走っていませんでした。『**多くの道路が破壊されてしまって、交通渋滞が発生している**（だから、私の通りには自動車が見えない）』と、私は考えました」

「夫は私を落ち着かせようとして。『もしもこれが本当ならば、どの局でも放送しているはずだ』と言って、ダイアルを他の局に合わせたところ、音楽がかかっていました。私は『**ローマが燃えている最中に皇帝ネロはバイオリンを弾いていた**』と言い返しました」

「他の局に替えたところ、教会音楽が聞こえてきました。死を前にして、**きっと多くの人々が神に祈りをささげているのだ**と、私は思いました」

「私は窓から頭を突き出すと、ガスの臭いがしたと思いました。それに、**暑くなったように感じて、火事がこちらに近づいている気がしました**」

「窓の外を見ると、**緑色っぽい不気味な光**が目に入り、それは怪物が発している光線だと直感したのです。後でそれはメイドの自動車のライトだとわかりました」

自分自身の観察を信じられずに、他者のほうがその状況について多くを知っているはずだと思いこんだ人もいた。

「私は息子と一緒にラジオを聴いていました。八時少し過ぎに聴き始めたのです。最初はラジオの前にいなかったので、怖くはありませんでした。しかし、ガスが近づいてくると、息子が泣き出しました。窓の外には空港が見えましたが、何も変わったことには気づきませんでした。しかし、アナウンサーが「皆さん、屋上に上ってください」と言ったので、私たちが気づいていないことを**警告するのがアナウンサーの仕事だ**と感じ、息子を連れて階段を上りました。そうしながら、階上の隣人たちに私は警告しました。私はひどくうろたえて、隣人たちは私を落ち着かせようとしたのです。彼らは警察に電話をかけて、それが単なるラジオ劇であることに気づきました」

「私が自宅にいたところ、友人が電話をかけてきて、『ラジオを聴いている？　WABCを聴いて！世界の終わりが近づいている』と言われました。ラジオを聴くと、パラセイズの建物が破壊されて、タイムズスクエアから人々が逃げ出しているという報せを耳にしました。群衆が逃げ惑う喧騒がラジオから聞こえてきましたし、アナウンサーもそう伝えていました。事態は安定しておらず、実際に大変なことが起きていましたが、私は起き上がりもしなければ、外を見ようともしませんでした。**アナウンサーは今まさに現場にいて、状況を把握しているはずです。**私はただただその声に耳を傾けていました」

「妹、その夫、私の義理の両親が自宅でラジオを聴いていました。私はすぐにメイプルウッド署に電話をかけて、何か異常な事態が起きているのかと質問しました。すると、『**私たちもあなたと同じくらいしか知りません。**ラジオを聴き続けて、アナウンサーの助言に従ってください。メイプルウッドには今のところ差し迫った危険はありません』との答えでした。当然、その後のほうが怖くなりました。私はすっかり混乱して、ガスで窒息死するような気がしました。私たちは互いに別れのキスをして、皆が死ぬような感じがしました。ガスがニューワークの通りに広まったというニュースを聴くと、私は弟とその妻に電話をして、すぐに自動車に乗って、こちらに来るようにと言いました。そうすれば、最後に皆が一緒にいられると考えたからです」

「私は電話をもらい、何か怖ろしいことが起きているので、ラジオを聴くようにと言われました。私は電話口に行って、結婚している娘たちに電話をかけました。娘たちが私たちのところに来てはならない、私たちが娘たちのところに行くと伝えました。私は窓の外を眺めましたが、何も見えませんでした。その大混乱の最中に、息子が帰宅したので、**一体何が起きているのか、教会の長老たちに尋ねてくる**ようにと言いました」

4　放送や出来事の信憑性をまったく検討しようとしなかった人

ある人物が何かの行動を起こした理由を探るよりも、しなかった理由を探るほうが一般には難しい。したがって、探し回ったもののうまくいかず、目的のない行動に出た人の理由を考えるよりも、このカテゴリーの人がなぜニュースを検討しようとせず、近くに火星人のいる兆候を探そうとしなかったのかという理由を説明するほうが、われわれにとっては難しい。このカテゴリーの人の半分以上が、あまりにも恐怖に打ちのめされてしまって、ラジオを聴くのを止めてしまうか、慌てふためいて走り回るか、麻痺としか表現しようがない行動を呈した。面接を分析すると、このカテゴリーの人を行動の明らかな理由に従っていくつかの群に大きく分けることができる。

（a）あまりにも恐怖感が強くて、状況を検討することをまったく思いつかなかったと報告した人がいた。

「私たちはすっかり放送に夢中になっていて、他の方法を試してみようなどという気にもなりませんでした。**ただただ怖がっていたのです**」

「私たちはこれが本当に現実なのか確かめようともしませんでした。**ただ恐ろしくてならなかったのだと思います**」

（b）完全な諦めの態度に出た人もいた。彼らにとっては、他のいかなる行動と同様に、確認しようとする試みは無意味に思われた。

「私は歴史のレポートを書いていました。階上の女子学生がやって来て、私を彼女の部屋に連れて行きました。皆がとても興奮していて、私も気が狂いそうな気がしてきて、『私たちに何ができるというの、今死んでも、後で死んでも**どんな差があるというの？**』と言い続けていました。私たちは互いに抱き合っていました。死を目前にして、すべてが無意味に感じました。私は死ぬのが怖くて、ただただラジオを聴いていたのです」

「私がラジオを聴き始めた時に、ちょうど天気予報がありました。私は幼い息子と一緒でした。夫は映画に出かけていました。**私は息子とふたりきりだと思いました**。私は息子を強く抱きしめて、座ったまま、泣いていました。こんな形で火星人がやってくると言われると、私は立っていられなかったのです。そこで、私はラジオを切ってしまって、集会場に駆け込みました。隣の家の女性もそこにいて、泣いていました」

「私は何もしませんでした。ただただラジオを聴いていました。**もしもこれが本当であるならば、一緒に死ぬしかない……**興奮する必要がどこにあるのだろうかと思っていたのです」

「近所の女性が階段を駆け下りてきて、ラジオを聴くようにと叫んでいました。爆発、火星人、世界の終わりを耳にしました。私はとても怖くなって、その部屋にいた人は皆、恐怖のあまり身動きが取れなくなりました。**間もなくすべてが破壊されるのならば、何もできることはない**と思いました。もしもウィスキーの小瓶を持っていたら、それを飲んで『なるようにしかならない』と言ったでしょう」

（c）危機的な状況を前にして、何か行動を起こす必要があると感じた人もいた。すぐに避難しようとしたり、死に備えようとした人も何人かいた。

「私は耐えられなくなってラジオを切りました。それが何時だったか覚えていませんが、すべてが間もなくやってくるという感じでした。夫はもう一度ラジオを聴きたがりましたが、私は夫に、**ただラジオを聴いているよりも何かをすべきだ**と言って、荷造りを始めました」

「私たちはオーソン・ウェルズの番組を聴き始めたのですが、突然、ニュース速報が入り、私はそれが本当だと思いました。私は外出していた弟に電話をかけました。弟はすぐに帰宅するから、一緒に避難しようと言いました。弟が帰宅すると、皆はひどく興奮しました。どうせ死ぬのならば、子どもたちと一緒でいたいと感じました。私は夫に電話をかけて、『ダン、着替えたらどう？　作業服のままで、死にたくはないでしょう？』と言いました。すると、夫は私たちがこの地球上で神の栄光と栄誉のもとに生きているのだから、いつ死ぬかは神の決めることだと言いました。**私たちは自**

力で準備をしなければなりませんでした」

すっかり狼狽した一緒にラジオを聴いている人の世話をしたり、身内や友達に警告したりすることに囚われきっている人もいた。

「私たちは結婚一周年のパーティーを開いていて、私がたまたま八時少し過ぎに番組を聴きました。巨大な球体が着陸したため、州兵や警察が現場に急行したとのことでした。その中からモンスターが這い出してきて、怖ろしい光線を発して、焼き払うので、警察も近づけません。私はパーティー会場をあちこち動き回るのに忙しくて、実際には多くを聴いていません。妹は子どもたちを自宅に置いてきたので、半狂乱になりました。妹のためにタクシーを呼ぼうとしたのですが、興奮したたくさんの客が我が家にいました」

「少年がやってきて『星が落ちた』と言った時に、私は牧師の奥さんを訪ねていました。私たちはラジオのスイッチを入れて、皆、世界の終わりがやってくると感じていました。ガスが撒かれたら、私は夫や甥と一緒にいたいと思い、自宅を飛び出しました。通りの角に立って、バスを待っていましたが、バスと思える自動車が来る度にその前に飛び出したのです。そして、私は甥を起こしました。ようやく夫は一一時頃に帰宅しました。WORに合わせると、あの番組が単なるラジオ劇だったと伝えていました」

もっとも安全なことは、放送を聴き続けて、いつ、どのようにして避難すべきかを知ることだと信じていた回答者もいた。

「私たちはたまたま放送を聴きました。恐ろしいことが起きていて、州兵が招集されました。私たちにできることは何もなかったし、放送を聴き続けるようにと命令されました。それに従うのがもっとも重要だと思えました」

「友人が八時一五分に電話をかけてきました。彼女はひどく興奮していたので、私自身の目で確かめるほうがよいと思いました。でも、私は放送を聴く以外は、**それほど多くのことはしませんでした。**自動車に乗って外で何が起きているのか確かめようかと思いましたが、たいしたことはできないと感じました。局を替えるのも意味がないと感じました。もしもそれが私が信じているような狂乱の事態であるならば、他の局では放送していないかもしれないと考えたからです」

(d) わざわざ確認するほどの関心がないとその状況を解釈した聴取者もいた。あまりにも後になって聴き始めたために、番組の中のひどく奇想天外な部分を聴き逃していて、ただ何らかの問題が続いているとだけ認識していた人もいた。

「私は自分が経営するドラッグストアにいましたが、弟が電話をかけてきて、『ラジオをつけろ、隕石が落下した』と言ってきました。ラジオをつけて、ガスがサウス・ストリートまで迫っていると聴きました。店内にはまだ数人の客がいて、**皆がどこからガスが入ってくるのだろうかと心配し始めました。**私はガスが心配でした。それは瞬く間に広がっていきます。でも、他の国の飛行機が攻撃してきたと聴いたのであったら、私は実際には何が起きるだろうかと不思議でした」

「私はそれが天然ガスの爆発か、火事によって引き起こされた爆発かのどちらかだと考えました。いずれにしても、ニュージャージー州では例のない大惨事であると考えました。私は本当に怖くなりました。妹はパーティーのためにニューワークにいましたが、妹が騒動に巻きこまれるのではないかと私は怖くなりました。私は火星人についてはまったく考えませんでした。その部分を聴いていなかったのです。ニュースが伝えられた時に、私は母に電話をかけて、妹から何か連絡がなかったかと尋ねました」

明らかに奇想天外なことをより信じやすいものに変えようとして、自己の視点から出来事をとらえなおそうとする人も時々いた。

「私が聴き始めたまさにその時に、隕石が落ちてきました。それをどう理解したらよいのかよくわかりませんでした。火星から何かがやってくるなんて信じられません。これは新型飛行機か何かで、新種の攻撃ではないかと考えました。とても信じられない部分を**何とか自分で信じられるものへと解釈しようとし続けました。**多くの部分はアナウンサーの空想かもしれないけれど、その後ろに何かがあると感じました」

「最初は私はそれほど怖ろしくはありませんでした。ラジオを聴き始めたのは比較的最初のほうからでした。ところが、ガスが広がりつつあるとなると、私はひどく怖ろしくなりました。奴らは人間に最悪のことまではしない、何かが誤っているということを伝えようとしていると、私は考えました。**私は奴ら自身がこの事態を完全には理解していないのではないかと考えました**」

「**私はドイツ人が私たちにガス攻撃をしようとしていると気づきました。**アナウンサーが火星人だと言い続けるのを聴いて、**まったく無知な男だ、ヒトラーが送ってきた兵隊であることを知らないのだと、**私は思いました」

ただちに個人的な危機をもたらすわけではないと、この出来事を語った人もいた。

「私はパーティーにいましたが、ラジオを手にウロウロしている人がいました。そして、内務長官の声が聞こえてきたのです。外国の状況についてだったので、私たちは通常の声明だと思いました。

すると、州兵が招集されたというので、その声に耳を傾けました。真実のように響いたのですが、パニックに陥るほどでもありませんでした。この暴動か何かわかりませんが、**まだ数マイルも離れた所の話だったのです**」

「私は番組の最初から聴いていました。いつもマーキュリー劇場を聴いています。しかし、臨時ニュースが次々に入ると、私は実際にドラマを中断しているのだと考えました。この局だけが破壊されずに、放送中であると言ってくるので、私は他の局を聴いてみようとはしませんでした。空を見上げてみましたが、何も見えません。もっと高い所にいれば、ガスからはより安全なのでしょうが、**私たちが可能な限り安全な場所にいるので**、私はそれほど動揺しませんでした」

例外的な事例

途中から番組を聴き始めたのだが、番組に影響されたとしても実際に行動に出なかった聴取者がいるだろうが、そのような人はもちろんこの分類に含まれることはないだろう。しかし、この番組は感情的な反応だけではなく、厳密に行動的な反応も引き起こしたのだから、この分類に除外された聴取者をけっして見逃してはならない。その状況における行動が外的要因によって妨害されたために、ここでの考察に含まれなかった人については、後に（第六章で）別個に検討して、パニック状況における適応に影響を及ぼす他の要因についての新たな鍵を探ることにする。番組を途中から聴き始めて、それが真のニュースであると思った聴取者についてのわれわれの分類には、面接された三四一三五例の全例が含まれるのだが、ある種の特殊状況のためにその反応が完全に発展しなかった三四人と、反応があまりにも変則的でどのカテゴリーにも合わなかった二名を除外してある。このうち二八名は確認を他者に頼った。そのために、彼ら自身の典型的な行動は妨げられた。このような事例では、情報がどのようにして伝えられて、反応が変化したかが示された。

「私は階下に降りて、ラジオに耳を傾けていて、州兵が撃退されたと知りました。最初は危険だとはまったく思いませんでした。どこかから落ちてきて、穴の中にいる怪物が生命を吹き返したのです。そのうち、火星人だ、火星からやってきた生命体だとわかりました。私は最初、火星人が人間を攻撃してくるとは思わず、火星人とのコミュニケーションが始まったとの印象でした。でも、間もなくこの生命体が攻撃を始めたことに気づきました。こんなことがあり得るはずがないのですが、それでも、アナウンサーは現場にいて目撃しているのだから、ほぼ真実だろうというのが不思議に感じました。火星人がここに近づいてくると、**私の姉の友人が電話をかけてきて、その弟がこれは単なるラジオ劇に過ぎないと言っていると教えてくれました**」

「最初は、プリンストンで何かが起きている、隕石か何かが落ちた、大変なことが起きていると、私たちは考えました。そこで、一生懸命にラジオに耳を傾けていたのです。しかし、攻撃がこちらに近づいてきて、ガスが撒かれました。私は自動車で避難しようと思ったのです。**ちょうどそこに、私の友人がやってきて、**あれはウェルズの声だと教えてくれたのです」

残りの事例のうちの六人は、たまたま確認を行い、偶然に他の局に替えたために、われわれの分類に含めることができなかった。

「私のラジオは高周波数に合わせてあったので、WABCに替えるには、**他のいくつかの局を通っていかなければならなかったのですが、他のいくつかの局では音楽が流れていました。**私は、もしも緊急事態が起きているならば、全局でそれを報じているはずだと感じて、新聞を掴むと、『宇宙戦争』が放送中であることに気づきました」

「私たちが他の局に替えたのは、あの番組の信憑性を疑ったからではなくて、他の解説者は何と言っているのか聴きたかったからです。おそらく他の放送局では別の報告をしているだろうと考えました。もちろん、他の局ではいつも通りの番組を放送していました。もう一度、元の局に戻ると、アナウンサーが息が苦しくなってきた、それでも最後まで放送する、この局が今でも放送している最後の局だと言っていました。そこで、他の局でも放送しているので、これがラジオ劇だと気づいたのです」

「私はたまたま立ち上がったところ、偶然にラジオを倒してしまいました。それは古いラジオで、すぐに局が替ってしまいます。ラジオを倒してしまったために、たまたま局が替ったのですが、音楽が流れてきました。本当にあんなことが起きているならば、どの局でも放送するはずだから、あれは単なるラジオ劇に違いないと感じました」

統計が示す事態

すでに述べてきたように四種の特徴に基づいて聴取者の反応の割合を分類し、何らかの理解を得たので、次にパニック状況全体を理解するために、もう少し厳密な座標系を設けることにしたい。二種の情報源がある。われわれの分類で用いた九九人に対する詳細な面接とCBS調査である。CBS調査で面接された四六〇人のうち、一七五人がニュース報道だと考え、二二四人は番組の本質に偶然気づいたか、他者によって気づかされたかであり、番組が唯一の情報源だったら、自分がどのように反応していたかわからないと答えた。残りの一五一例は分類のために利用できる。

データをこれら二種の調査と比較するには、両者の差を念頭に置いておくべきである。事例研究の対象者は、いずれにしても聴取者全体を代表してはいない。われわれは恐怖に駆られた人々をあえて多く探そうとした。さらに、これらの面接のすべてが、ニュージャージー州北部を中心とした限られた地域で実施されたものである。CBS調査のほうが対象地域が広い。CBS調査の面接者は、番組を聴いた人に出会ったら、誰でも面接するように指示されていた。対象者は全国に広がっていた。われわれの調査はCBSの面接の数週間後に実施された。しかし、われわれの調査の面接者は心理学的に高度の訓練を受けていて、収集を指示されていた情報ははるかに詳細であった。まとめると、CBS調査はサンプリングという意味でより正確であり、われわれの事例研究はより徹底的で、心理学的に多くを明らかにするということになる。

表3　二種の面接から得られた聴取者の4分類の割合

反応群	事例研究（%）	CBS調査（%）
1. 自力で確認成功	23	20
2. 他者による確認成功	18	26
3. 他者による確認不成功	27	6
4. 未確認	32	48
合計%	100	100
合計数	99	151

このような差があるにもかかわらず、二種の調査から得られた聴取者の分類は驚くほど似た結果を示している（表3）。この表によると、三分の一以上の人が、最初は番組を真

のニュースととらえて、他者から判断の過ちを知らされなかったか、あるいは偶然に何らかの確認を怠っていた。約五分の一は自力で番組の信憑性を確認していた。他の情報を頼りにして確認しようとした人のうち、約半数はそれに成功し、半数は不成功に終わった。[*32]

行動と気分

非常に興奮し、心配し、恐怖に駆られていると、落ち着いている時に比べて、知的に反応できなくなるというのはしごく常識的である。ボクシングのチャンピオンは、敵がいかに激しいパンチを繰り出してきても、頭を下げないことを身につけている。優秀なパイロットは、嵐の中でも、冷静さを失わない。勇敢な兵士は、どれほどの危険が迫っていても、命令を実行する。そして、日常生活において、周囲からひどい扱いを受けている人は、愚かな失敗を犯しがちである。ある男性は自動車を零度以下の気候の中に数時間放置しておいた。そこで、戻ってきた時に、エンジンがかからないだろうと覚悟していた。エンジンをかけようとしたが、その不安は現実のものとなった。しか

＊32——二つの調査間の分布の差は両研究の差によって合理的に説明できる。全国を対象とした調査で確認不成功の割合が低いのは、短時間の面接ではこのような確認行動をとらえるのが難しいことによるのは疑いがない。窓の外を眺めるとか、友人に電話をかけるといったような行動は細かい点になるので、集中的な面接では見逃しやすい。このような人々は「確認せず」におそらく分類されてしまい、CBS調査では第四のカテゴリーがきわめて高い割合となってしまったのだろう。詳しくない面接で多くの人が確認成功と分類されたのは、慎重な分析をしなければ、他者からラジオ劇だと伝えられたり、偶然確認できた人も、確認不成功に分類されてしまうからだろう。

し、いよいよ彼はそもそも自分が点火スイッチを入れていないことを思い出して、それではエンジンがかからなくても当たり前だと気づいた。第九章でこの点について詳しく議論する。しかし、ここでは四分類された人々が、火星人の侵略に際してどのように感じたのか探るのは重要である。事例研究とCBS聴取者を分析すると関連が明らかになるだろう。

九九人に対する詳細な面接が、個別の判定者によって、恐怖、狼狽、沈着の三群に分類された。興奮の程度を識別するために次のような方法が用いられた。第一に、番組から影響を受けなかったことが明らかな人全員を全標本から外した。次に、その時点の反応や気分についての報告が明らかに恐怖を示していた人をまとめた。沈着でも、恐怖でもない、第三群を狼狽と分類した。判定者間の一致率は非常に高かった（$\gamma = .95$）。CBS調査の回答者も同様に評価されたが、判定者は一人だけだった。

事例研究の被験者で、確認が不成功に終わった人やまったく確認をしなかった人のうちで、全員が少なくとも狼狽し、誰も自力で番組の本質を確認できずに、ひどく恐怖に駆られていたことを、表４Ａが示している。全体的に、自力あるいは他者の助けを借りて確認に成功した人は比較的沈着であったのに対して、確認が不成功に終わった人やまったく確認しなかった人は興奮する傾向にあったと、結論を下すことができるだろう。この一般的な結論は、CBS調査のデータについての同様の研究においても確認された（表４Ｂ）[*33]。両調査のデータは行動と気分の関連を示している。

本調査の目的は恐怖の程度ではなく、恐怖の理由を探るものであるので、恐怖の量に関するこの差は重要ではない。両データともに、恐怖と行動には同様の関連が認められる。

放送という現実の刺激に対する反応を識別して、もっとも適切と思われるカテゴリへと分類して

表4A　行動と気分の関係（事例研究）

	行動				
	自力で確認成功（%）	他者による確認成功（%）	他者による確認不成功（%）	未確認（%）	合計%
恐怖	0	11	67	65	39
狼狽	48	33	33	35	37
沈着	52	56	0	0	24
合計%	100	100	100	100	100
合計数	23	18	27	31	99

表4B　行動と気分の関係（CBS調査）

	行動				
	自力で確認成功（%）	他者による確認成功（%）	他者による確認不成功（%）	未確認（%）	合計%
恐怖	26	59	89	70	60
狼狽	52	39	11	27	33
沈着	22	2	0	3	7
合計%	100	100	100	100	100
合計数	31	39	9	22	151

きた。この番組を聴いてニュース放送ととらえた人のどのような割合で四つのカテゴリーに分類されるかを明らかにしてきた。恐怖に駆られた人は、一般に、適切な確認ができなかったことも発見した。次の問題は、どのような特徴がある人を四群のうちのどちらかに入る決定因となるかを探ることになる。

＊33――気分と行動の関連について両調査のデータで同様の結果が得られたのだが、三つの群に分類された人の合計パーセンテージが、恐怖群で大きな差を示している。CBS調査では恐怖と分類された人が二分の一であったが、事例研究では約三分の一であった。この差はおそらく標本の特性を示しているというよりは、CBS調査のほうが番組の直後に実施されていて、後に調査が行われるよりは、恐怖感を認める傾向が高かったためであるだろう。

I Figured

わかった

5 批判力

ある番組が放送されて、恐怖に駆られる人と、そうならない人がいる。番組を途中から聴き始めたのに、それを正しく解釈できる人がいたのは、なぜだろうか？　個人が有しているすべての心理的能力や特質の中で、われわれのデータや現在の知識から、このようなパニック状況をよりよく理解するのにもっとも役立つものは何だろうか？　それは、欲求不満、抑圧、内向、利己主義、その他の心理学者にとって重要な多くの心理学的概念から選ぶことができるかもしれない。しかし、パニックは本質的には判断の過ちから生じるものであるのだから、聴取者の中でそのような状況を正しく判断できた人について探るのが適切であるだろう。

基本的に懐疑的で、慌てて決断を下そうとしない人は、この場合でも、アナウンサーの報告をすぐに真に受けるのではなく、おそらく客観的な証拠を検討しようとするだろう。解釈を受け入れる前に、それを精査するのが習慣になっているような人は、この番組から得た情報を自力で確認しようとする方法を身につけている可能性が高い。ある種の特殊な知識を持っていたり、訓練を受けたことがあり、それを放送に関連させて、自分のとるべき行動の方向性を定める準拠枠として用いることができたりしたために、放送がラジオ劇であると判断できた人もいたかもしれない。心理学的には、いずれの理由にしても何かが変だと気づいた人には、「批判力（critical ability）」があるといえる。批判力がある人というのは、刺激を評価して、その本質的な性質を理解し、適切に判断し、行動する能力があるという意味である。

批判力と教育

この批判力とは、われわれのデータを検証するのに、期待が持てる唯一の心理学的方法である。応用可能な心理検査は実在しない。そこで、収集された情報のどれがおそらく批判力にもっとも密接に関連しているかを検討する必要がある。もっとも関連のありそうな指標としては、個々の正式な教育程度だろう。理論的には、少なくとも教育によって、解釈を受け入れる前に、それを検証する準備をし、自己の評価の有用な基準となる情報のある種の基盤が得られる。

教育程度と番組への態度

CBS調査で教育を指標とした分析を行ったところ、満足すべき結果が得られた。大学教育を受けていた人では、小学校の教育しかない人に比べて、番組がニュース放送だと信じていたのはおよそ半分だった（表5）。

しかし、他の二つの要因もこの密接な関連を引き起こしていると考えられる。最近の米国では若くて、裕福な人ほど教育水準が高い。したがって、教育が基本的な決定因であると結論を下す前に、年齢と経済状態について検討する必要がある。

聴取者を四〇歳以上と四〇歳未満に分けて解釈してみると、決定因としての教育の重要性には変化がなかった。どちらの群でも、教育水準の高い人のほうが、放送を単なるラジオ劇であると認識できる率が高かった（付録C、表15）。異なる経済状態で別個に検討しても、教育水準は決定因であっ

表5　教育程度とニュースとの解釈（CBS調査）

教育水準	番組をニュース放送と考えた人の割合（%）	合計数
大学	28	69
高等学校	36	257
小学校	46	132

表6　教育程度とニュースとの解釈（CBS調査）

経済状態	番組をニュース放送と解釈した人の割合（%）	合計数
高	35	240
平均	37	152
低	49	66

た。（一七二ページ、表14）。教育水準が低くなるほど、収入が高、平均、低と、番組をニュース放送であると誤解する人の率が高くなっていく。

多くの調査において、被験者の経済状況のデータはあるのだが、教育程度についてのデータがない。したがって、経済状態がしばしば教育程度の代わりの指標とされている。比較する目的のために、聴取者を収入だけで分類すると、低収入の人は、高収入の人に比べて、番組を真のニュース放送と受け止める傾向が強い（表6）。しかし、この結果は表面的な意味しかとらえていない。貧しい人ほど教育程度が低いために、番組を誤ってとらえた可能性が高いと考えるべきである。しかし、さらにわれわれは、経済状態にかかわらず、教育程度準の低い人は番組を誤ってとらえる傾向が高いことも発見した。[*34]

番組がニュース放送だと告げられた後でも、

わかった

番組の信憑性を確認しようとする態度に、教育程度は影響を及ぼしていることも明らかになった。九九の事例研究において、どのような確認作業をしたかによって分類したが、さらに教育程度で分けてみた。確認に成功した人の三分の二が最低でも高校卒業であったが、そもそも確認しようとしなかったり、確認を試みても不成功に終わったりした人では最低でも高校卒業は二分の一に過ぎなかった。表7は、教育程度とさまざまな態度の関係を詳しく示している。

＊34――回答者を経済状態によってグループ分けした、上述したCBS調査の分析の結果は、AIPOの全国調査で得られた調査結果によっても支持される。高収入群の回答者の二七パーセントが番組はニュース放送であると解釈していたが、低収入群では三六パーセントであった。もしもAIPOの被験者を教育程度で分類することが可能であるならば、この差はさらに大きいものになると考えるのが妥当だろう。しかし、残念ながら、この調査には教育程度に関する質問が含まれていなかった。

経済状態よりも、教育程度をより重要な指標として用いるのは、関心や判断という領域に限られていることは明らかである。この領域では、教育程度が決定的な役割を果たしていると思われるというに過ぎない。たとえば、ルーズベルト大統領の政策を支持するか否かといった質問をされた場合には、その意見は、教育程度よりも経済状態により密接に関連していることが明らかにされている（付録C、表16）。

一般的に、外国生まれの群を標本から除外すると、教育程度と経済状態の相関は約〇・八〇と期待される。この手法の理論や詳しい解説は、次の論文を参照されたい。Paul Lazarsfeld: The Interchangeablity of Indices. J Appl Psychol, 23: 33-46, 1939.

表7　教育程度と放送への態度

教育	自力で確認成功	他者による確認成功	他者による確認不成功	未確認	合計
高等学校以上	14	7	11	5	37
高等学校卒業	4	2	3	10	19
小学校卒業	5	8	13	16	42
確認できず	—	1	—	—	1
合計	23	18	27	31	99

批判力の特性

最初の課題は、批判力と放送によって生じた影響の関係について決定することである。より直接的な心理特性の代わりに、聴取者を教育程度によって分類し、次に四群に分けた。すなわち、期待される傾向は（＋）の欄に該当する。教育程度の高い人は適切な方向に向けて行動するのだが、教育程度の低い人は適切な解釈ができない。これはあくまでもわれわれが発見した傾向であって、かならずしもこのようになる訳ではない。極端な事例を検討する前に、高校以上の教育があり、放送に適切に反応した二七人（表の1欄に当てはまる人）を検討して、その批判力の構造を検討していこう。

教育程度	適切な方向に向けた行動ができる	適切な方向に向けた行動ができない
高等学校以上	1（＋）	2（－）
高等学校未満	3（＋）	4（－）

第一に、教育程度の高い人は、教育程度が比較的低い人に比べて、そもそもなぜ番組が単なるラジオ劇であると自力で気づいたのだろうか？　彼らの約半数が、放送が単にあまりにも現実離れがしていて、信じられなかったと述べている。あるいは、信頼に

足ると思うとか、ある種の判断基準を想起することができたと述べている。放送に明らかな矛盾があり、とくに火星人の襲来などとなると、番組が本当ではないと撥《は》ねつけることができたという意見もあった。

「私にはまったく同時に信じられる部分もあれば信じられない部分もあるといった感じでした。**私の知識の限りで、可能性があるという部分は信じていました**が、モンスターとか触手と聞いたとたんに、嘘だと思いました」

「**モンスターが現れたと放送されるまでは、いかにも現実にありそうだと感じていました。**次第にあまりにも現実離れして響いてきて、それで単なるお話だと気づいたのです。モンスターが飛び出してきて、ドンドン大きくなるといった部分はあまりにも非現実的でした」

「アナウンサーがニューヨークから中継し、タイムズスクエアの真ん中に火星人が立っていて、その大きさが摩天楼と同じくらいの高さだと言っていました。これだけ聴けば十分でした。非現実的で、およそ信じられない描写がなかったとしても、火星人という単語だけで十分でした」

自分の解釈だけで十分と感じ、アナウンサーが誤っていると考えた人もいた。

「隕石の先端が開いたというのは**アナウンサーの幻覚**で、隕石が崩壊しているのだと、私は考えました」

「私は**アナウンサーが興奮していて、間違っている**と思いました」

教育水準の高い群の他の半数には特殊な知識が十分にあって、番組のあまりにも劇的な特徴に気づいた。オーソン・ウェルズのストーリーに馴染んでいた人もいれば、オーソン・ウェルズがピアソン教授の役を演じていると気づいた人もいた。ある人は近辺にそれほど多くの州兵がいないことを知っていたし、またもうひとりは襲撃された地域に出かけて行ったが、惨状の兆候を何も見出せなかった。番組があまりにも非現実的であると認識した人と、特殊な知識を持っていた人との差を見ると、批判力とは、現実と非現実を識別する一般的な能力、あるいは十分に信頼に足る情報を用いて解釈する能力ということになるだろう。

次の問題は、まだ持っていない情報や番組自体から得られる情報を確認する理由と手段が教育とどのように関連しているのかを探ることである。約四五パーセントの人が成功したか否かにかかわらず外部の情報源に照らし合わせて放送を確認しようとした。教育程度の高い人は、低い人に比べると、火星人が東部で猛威を振るっているといった放送にあまり影響を受けることのない情報で番組を検証しようとしていた。新聞のラジオ欄や他の局からの番組は恐ろしいラジオ劇の影響を受けないだろうが、友達や近所の人々は影響されているかもしれない。

さまざまに異なる確認の方法が聴取者にとってどのような価値があったのかは、それぞれの方法にどれくらいの信頼を置いていたかによって明らかになるだろう（表9）。確認の方法としてとくに信頼度が低かったのは、外を見ることで、このようにした一八人のうち、そうした後に我が目を信じたのは一人だけだった。それとは対照的に、ラジオ局を替えて番組を確認したり、新聞のラジオ欄を見たりすることは、もっとも信頼が置かれていて、教育程度の高い聴取者がより多く用いていたことが明らかになった。このように、もっとも信頼度の高い確認方法で、その後の適切な方向の行動に結びつく方法は、教育程度の高い群の人々がしばしば用いているものであった。

放送を正しく判断した教育程度の高い人々の特徴的な反応を検討することで、批判力の特徴に関して、ある結論を下すことができるだろう。これには、ひとつの、あるいはいくつかの明確な心理

表8　教育程度と確認行為

確認行動のタイプ	教育水準 高等学校以上	高等学校未満
外を見る	10	8
他のラジオ局を聴く	9	4
新聞を見る	6	3
友人に電話する	1	5
公的機関に電話する	2	1
その他、あるいは不明	—	1
確認行動の合計数	28	22
合計人数	23	21

表9　確認行為と聴取者の信頼度

確認行動のタイプ	確認したことを信じた	信じられなかった
外を見る	1	17
他のラジオ局を聴く	11	2
新聞を見る	7	2
友人に電話する	2	4
公的機関に電話する	—	3
その他、あるいは不明	—	1
確認行動の合計数	21	29
合計人数	18	27

的過程が関与していると思われる。すでに持っている知識や信頼に足ると感じる情報に従って、自分自身で検証できなければ、解釈を疑うという傾向があるのかもしれない。あるいは、習慣的に疑いを持つということはないかもしれないが、たまたまある知識を有していたために、正しいと知っていることと、刺激が示唆することの間に矛盾が生じていることに気づくのかもしれない。[*35]

例外的な事例

教育程度の高い人のすべてが沈着冷静でいたわけでもなければ、適切な確認ができたわけでもないし、教育程度の低い人であってもすぐに放送がラジオ劇だと気づいた人もいた。したがって、公式の教育が批判力の絶対の指標ではない。あるいは、おそらく批判力だけではある人をパニックから守るには十分ではないのだろう。教育と状況の的確な評価の一般的な相関からもっとも外れた事例を分析すれば、批判力やそれが機能する状況についてさらに多くのことを発見できるだろう。[*36] 表7は教育と対処の方向によって分類された事例研究の九九例に基づいているが、高校卒業未満の学歴で他者の力を借りずに番組の内容を確認できたのが五人（前掲の表の三の欄）、最低でも高校卒業の学歴で、確認をまったくせず、恐怖と狼狽におののいていたのが一五人（前掲の表の二の欄）であった。これらの人々は対象者全員の中でももっとも非定型的である。

公的な教育はほとんど受けていないのに、放送が単なるラジオ劇だと認識できた人

このカテゴリーに当てはまる五人についてざっと見ていけば、彼らのパーソナリティやその反応を引き起こした状況について示すのに十分であるはずだ。

1　一一歳の小学校の女子生徒はオーソン・ウェルズの番組を聴くために遅くまで起きていてもよいという特別な許可を得ていた。この子は以前にもウェルズの『シャドー』を聴いたことがあった。そこで、ウェルズが何か非現実的なことをしても驚かなかったし、おそらく彼の声に気づいていた。「『それではこれから皆さんを農場にお連れします』というのが、とてもありありと響いてきました。でも、私たちはそれがラジオ劇だと知っていました」と、彼女は報告した。

2　二三歳のイタリア系の若い男性は、「機械から生き物が出てきて、それ以後は出来事があまりに速く展開して真実とは思えなく」なるまでは、報告される出来事を信じていた。彼は感受性豊かな若者で、真面目な文学を読み、成熟した興味を抱いていた。彼は貧しい環境で生活し、十分な教育も受けられず、時代遅れの両親であった。

＊35——表9で「公的機関に電話する」とあるが、これは明らかに信頼に足る確認法であるが、本調査の二例では十分に満足できるものではなかった。二例では、警察官自身が当惑していて、他の一例では電話回線が混雑していて、最後まで話すことができなかった。

＊36——ここで用いる一般的な方法は、Lazarsfeld が示唆した期待される傾向から逸脱した事例を研究することであり、彼自身が『Radio and the Printed Page』で用いたものである。

3　二五歳の若者は、「アメイジング・ストーリーズ誌で読んだ話ととてもよく似ていたので」、現実であるはずがないと気づいていた。今はまだ火星からやってくることはできないし、出来事の展開があり得ない速さで進んでいることからも、彼の判断は強められた。

4　五五歳の穏やかな女性は、「一瞬たりともそれが単なるラジオ劇以外の何かなどとはけっして考えませんでした。あまりにも浮世離れしていて、不自然でした。バック・ロジャーズの拡大版みたいに響きました。まるでコミック雑誌のようでした」と語った。

5　独学の大工は六二歳だった。彼は明晰な頭脳の持ち主で、学術的な議論が好きで、社会、科学、政治の傾向について知的に議論できた。彼にはすばらしい一般的な背景があり、小学校卒業というのは、彼にとってはまったく不十分な指標と思われた。

このような標準から外れた事例のすべてでも、批判力は、人々が適切に反応できるためのもっとも重要な因子であることを指摘している。高等学校の学歴未満の、このような人々の約半数は特別な知識によって、そして残りの半数も独学や明晰な思考によって得た批判的な態度によって、番組がラジオ劇であると認識していた。「穏やかな」女性、「感受性豊かな」若者といった、パーソナリティの要因も重要であることも示唆されている。しかし、これらの事例研究と一般的な知識を総合すると、公式な教育だけが批判力の唯一の決定因ではないことが明らかになる。個人に本来備わっている知能、一般的な興味、パーソナリティ傾向、特別な知識などがすべて、十分な教育を受けていないある種の人々にとっては批判力の代理の指標として機能しているのかもしれない。

高い正規教育を受けていたのに、確認をしようとしなかった人

少なくとも高等学校卒業の教育を受けていた一五人において批判力が機能するのが妨げられていたのは、何の影響があったのだろうか？　これらの人々への面接を分析した結果、期待される傾向が認められなかったことについて少なくとも四つの理由が明らかにされた。

第一に、「高学歴」という用語は、批判力の大雑把な代替語として非常に漠然と用いられているに過ぎない。この用語には受けた教育の量を単純に分類すること以外には、その教育の質に関してははっきりとした要因はほとんどない。最新式の都市部の高等学校を卒業するのと、スラム街のうらぶれた高等学校を卒業するのでは、まったく異なる教育となるだろう。その結果として、高等学校卒業とそれ以下の差がひどく小さいものになることもある。さらに、たとえ同じ高等学校の卒業生であってもきわめて多様な批判力を認めることは誰でも知っている。とくにこのような理由から、この非常に雑駁な指標ではある種の人々を誤って分類してしまうかもしれない。たとえば、高等学校卒業の学歴のある若者はまったく確認をしようとしなかったのだが、その人には知的な興味はまるで認められなかった。彼は本、雑誌、新聞を読まず、ラジオでスイングミュージックを聴くだけだった。高等学校を卒業するのに七年かかった。しかし、教育に関するこのような傾向を指標としているにもかかわらず、われわれの小さな標本の中で、大学卒業の学歴の人で、番組を確認しなかった人はひとりもいなかったことについて指摘しておかなければならない。他のデータからは、確認を怠り、恐怖に駆られていた大学卒業生もいたことをわれわれも承知している。しかし、教育水準の高い人の中でも批判力は実にさまざまであるという可能性があるのだろう。

高学歴の人でも番組が単なるラジオ劇だと気づかなかった人がいた第二の理由は、比較的現実に

もありそうな報告がされている部分からたまたま聴き始めたためだろう。火星人についての知識はなかった。当初の刺激は何かひどく非現実的なものとは経験されていなかったのだ。

「ええと、ガスが撒かれて、人々が死に、高速道路が渋滞している、**これが私の聴いたすべてのことでした**」

「**私は毒ガスについて何かを耳にして、**人々がハドソン川に飛びこんでいるとか言っていました」

もしもこれらの人々が高学歴であったならば、当然、自分の聴いたことについて疑いを持っただろう。

第三に、これらの一五人の比較的高学歴の人々の多くにとっては、耳にしている異常事態が、平時に彼らが持っている批判力を妨げていたように思われる。他の恐怖に駆られた人から放送を聴くように言われた人もいれば、放送だけではなく、周囲の脅えた人の反応も刺激となった人もいた。そして、偶然、番組の信憑性についての確認を与えられた人もいた。これらの影響は、この選ばれた群の中で、最高の教育を受けた人々にとくに顕著であったようだ。ここにひとつの例がある。この回答者は経験豊富な看護師で、当時、自宅でパーティーを開いていた。

「皆がとても驚いていました。ほとんど気がふれんばかりの女性もいました。男性のほうが少しばかり冷静でした。何人かの女性が自宅に電話をかけようとしました。ひざまずいて、祈っている人もいました。他の人たちはただ震えていました。私の娘はひどく脅えて、とても強いショックを受けていました。そこにいた一〇歳の子どもは凍りついていました。その子はまるで大理石の彫像のように見えました」

教育を受けていたにもかかわらず、いかなる確認もできなかった人の最後の理由として、パーソナリティのある種の特徴が認められた。信念、心配、欲求、特別な関心、プライドに関する質問に対する被験者の答えは、番組を真実であると受け入れるような態度や特性を示していた。

　少なくとも高等学校を卒業していたのに、番組の信憑性について確認しようとしなかった一五人について検討したところ、パニックの分析を完成させるには、少なくとも他の二つの要因についてである。検証しなければならない。すなわち、聴取者自身のパーソナリティと聴取状況の特性についてである。これらの要因がそれぞれ誤った解釈をどのようにして生み、この特殊状況で批判力を妨げたのかについて、次章で詳しく取り上げる。

I'm So Worried

とても心配だった

6 批判力を妨げる条件

火星人の侵略の放送の翌日、ありとあらゆるところで、この奇妙な出来事について説明が試みられた。そして、いつもの通り、こういった説明をするのは、自分は恐怖に駆られなかった人や、このような事件を伝えるのが仕事である人であり、パニックが起きたのは興奮した人々の生来の特徴によるものだとされた。コラムニストのドロシー・トンプソン（Dorothy Thompson）は犠牲者の行動を「信じられないほどの愚行」と非難した。高名な心理学者は「知的な」人はけっして騙されたりしないと述べた。狼狽した人はすべて神経症であると述べた他の心理学者もいた。このような馬鹿げた一般化は、理論的にも社会的にも、間違っているだけでなく危険でもある。刺激がある種の「タイプ」の人々に反射的な反応を引き起こすという説明をしているだけであって、われわれがすでに明らかにしてきた非常に重要な基底となる背景を曖昧にしている。彼らはより深い説明を探す必要はないと思いこんで、「大衆」を十把《じっぱ》一絡《ひとから》げにして非難したのだ。

前章でわれわれが示唆したのは、「批判力」はパニック反応に関連する最重要の唯一の心理学的変数を明らかに描写しているという点である。この批判力は、ある人にはあって、ある人にはないといった、単純な生来の能力ではないようである。ある個人の特有な能力に影響を及ぼす特定の環境の結果として、批判力が生まれる。どのような場合に批判力が機能したとしても、それはパニック行動に対して完全な保護となることをわれわれは明らかにした。しかし、批判力だけではつねに十分な保障にはならなかった。批判力が打ち消されるような状況では、少なくとも他のふたつの要因が顕著であることが多かった。これらの影響の第一の要因とは、聴取者のパーソナリティのある種の傾向であり、第二の要因とは番組を聴いている時に聴取者が置かれていた実際の聴取状況の特性であった。

パーソナリティと被暗示性

ほぼ同等の教育程度と批判力の人であっても、危機的状況では皆が同じように行動するわけではないことは、日常の経験からも明らかである。ひどく興奮する人もいれば、自制心を保つ人もいる。あまり知的ではないパーソナリティ特性が機能し、批判力を妨げ、よきにつけ悪しきにつけ影響を及ぼす。標準から外れた事例に関するわれわれの印象的な研究からも、このような点がある種の聴取者に当てはまることをすでに指摘した。しかし、われわれの印象を確認するような、より明快な証拠を見つけられないだろうか？

理想的な方法は、番組を聴いていた何人かの人々に一連のパーソナリティ試験を実施し、教育程度は高かったが、恐怖を感じた人に現れる特徴を探ることだろう。[*37] しかし、このような方法は不可能である。第一に、個人の能力や特性についてのいかなる検査も、その人口のすべての人々に認められ、差異は量的なものであって、質的なものではないことを前提にしているからである。ある人物が多数の人口で標準化されている検査を受ける際に、「知能」といったようなまったく一様な能力に個人的な次元があることは完全に無視されていることは、心理学的研究だけでなく、日常の経験からも明らかである。知能について真実であることは、おそらく表現、態度、気質の特性にとってもさらに真実であるだろう。したがって、このような能力や特性と火星人の侵略によって引き起こされた独特の反応の間の基本的な関係を探ろうというようないかなる試みも、ほとんど意味がないように思われる。

そして、たとえ一時的に、その人口に一様な何らかの傾向があるとしても、そのどれがパニック行動に関連していると言えるのだろうか？　心理学者は行動を描写する英語の用語としてこれまでに約一万八〇〇〇語も挙げてきた。[*38]「内向（introversion）」もこれらの単語のひとつである。これは心理学的概念のひとつであり、このための検査がいくつかある。しかし、内向的な人が主に恐怖に駆られたか、あるいは沈着な群に含まれたかを決める特定の理由はない。内向的な傾向のために、より自立的な判断を下すかもしれないし、迫りくる危険に対してより敏感になるかもしれない。「従属（submissiveness）」も大雑把にとらえる性向であるが、従属的な人々がこのような状況で同じように反応するとなぜ期待できるのだろうか？　たしかに、権威的な人の報告を耳にしてすっかり圧倒されてしまう従属的な人もいるかもしれないが、従属的なるがゆえに、日頃からラジオを熱心に聴き、新聞もよく読むために、特殊な知識が豊富で、関連の判断基準を有しているといった従属的な人もいるかもしれない。

そして、すでに指摘したように、内向とか従属といった単語は広くとらえる大雑把な概念であり、内向や従属がごく一部しか共通点を持たない人々の非常に多くの差を曖昧にしかねない。こういった特徴を「神経症的」とか「感情不安定」などと決めつけてしまうと、われわれの意味するところを正確に定義するのがさらに難しくなってしまう。一般的な描写を行う目的にはしばしば有用であるのだが、このような用語は、批判力とは関係のないものすべてを投げ入れるゴミ箱のような概念となりがちである。さらに、これらの傾向を調べるためのさまざまな検査は、より多くのさまざまな特定の傾向を測定するために、関連する定義の曖昧な項目をただ雑多に集めたものになりかねない。

われわれのデータの分析からは、ウェルズの番組に悪影響を受けた人のパーソナリティの一般的な特徴は、危険な状況に直面した際の暗示への感受性（susceptibility-to-suggestion-when-facing-a-dangerous-situation）と呼ぶことができるだろう。「感受性（susceptibility）」という単語は、それが意図する正確な意味を伝えられるならば、十分にここで用いる価値がある。ひとつの単語だけでは不十分である。この感受性というのは、個人の独特な気質とそれと同様に独特な環境的背景の間の複雑な相互作用に依るものであるとわれわれは考える。このためにさまざまな人が似たような行動に及ぶことにつながるかもしれないが、多様な発現の仕方をするので、それを正確に定義して、測定するのは難しい。さらに、たとえわれわれが、危機に直面した時に暗示への感受性の定義を測定する方法を持っていたとしても、その方法は、九九例という小さな標本でわれわれが分類したさまざ

＊37――三種の標準化された検査が恐怖を覚えた三〇人に実施された。すなわち、①オーティス自己実施式検査（Otis Self-Administrating Test）、高等教育用、知能測定のための用紙A、②神経症的傾向を測定する目的のウィロビー・パーソナリティ検査（Willoughby Personality Schedule）、③感情反応の範囲を測定する目的のプレシーX—O検査である。恐怖に駆られた人の評点を、発表されている最初の二つの標準と、プレシー検査の対照群で得られた結果と比較した。完全に否定的なデータが得られたが、恐怖に駆られた聴取者を適切に代表する標本を前もって抽出することができないという検査実施上の問題から、これらのデータから結論を下すことはできない。われわれが直面した困難から示唆された点は、同様の問題を研究し、この種の検査を使う時にはいつも、他のデータが部分的に分析された後に、対象者に試験を実施できるという利点がある。このようにすることで、これらの検査で測定されると思われる要因はより系統的に既知の行動に関連づけることができる。

＊38――パーソナリティや検査手段に関する批判的な議論については次の文献を参照されたい。G.W.Allport and H.S.Odbert: Trait-names: A Psycho-lexical Study. Psychol Monog, No.211. Gordon W. Allport: Personality: A Psychological Interpretation. 第九～一六章.

まなカテゴリーを識別しようとして用いた、現在使用されているほとんどのパーソナリティ検査よりは、はるかに洗練されたものでなければならないだろう。

それよりも現実的で適切な測定法をラザースフェルド（Lazarsfeld）が開発した。[*39] これは本質的には、ひとつの顕著な特性を指摘するように見えるさまざまに異なる情報を集積することによって、パーソナリティの要因を測定する方法である。直観的な過程を意識的に再構成することによって、印象的な方法を量的な方法へと変換した。面接によって明らかになった七種の知識はとくに感受性の指標ととらえられるように思われる。[*40]

1　不安定

面接の際に次のような質問をして、この要因についての知識を得た。「あなたの仕事の安定はビジネスの状況によるものですか、それともある種の人々との友好関係によるものですか？」「あなたの人生で何を変えたいと考えますか？」「あなたは何をもっとも心配していますか？」

このような質問に対する典型的な答えは以下のようなものである。

「夫は今フェデラル交響楽団に仕事がありますが、**過去一〇年間安定した仕事に就いていませんでした**」

「私は不況のために**四年間失業していましたし、弟の仕事もどれだけ続くかわかりません**」

「**私は何かを学ぶ機会がもっとほしいです。**そうすれば、今よりもよい場所に住むことができるし、母もそれほど心配しなくてもすみます」

「私は自分の見かけをとても心配しています。もっと美人ならよいのにと思います。**私は結婚適齢**

期なのに、私が好きな男性はけっして私を好きになってくれません」

「ご覧のように、私は黒人です。皮膚の色のためにいつも不利な目にあっています。**私が得て当然の仕事に就くことができません。**どれほど一生懸命やっても、ある種の職は私には閉ざされていて、私は白人が支配する所で、生きて、働いて、演じなければなりません」

2　恐怖症

この基準は次の質問に対する答えに基づいている。「あなたがもっとも恐れることを三つ挙げてください」。死、高所、転落、通りを横断すること、水、騒音、独りで自宅にいること、階段など回答者にはさまざまな恐怖症が見つかる。いくつか例を挙げるだけで十分だろう。

「私はオーストリアで地震を経験したので、**どのような種類の爆発もとても怖いです**」

「私は新婚旅行で**溺れそうになりました。**死ぬほど怖かったです」

「私は二〇年前に**雷が海に落ちて、**海面を真っ二つにするのを見ました。それは天から落ちてきた

＊39――この方法は当初はプリンストン・ラジオ・プロジェクトの他の研究のために開発され、個人の「読書基準」を確認するための方法であった。Paul Lazarsfeld: Radio and the Printed Page. 参照。この全般的な手法は、事例研究ではしばしば見落とされがちな量的で信頼可能な結果を生み出す。

＊40――ある面接では、感受性を示す可能性のある一一の基準があったが、そのうちの四つは多くの事例で不完全であり、われわれの集計では使用できなかった。研究を実施する前に我々の理論を構築しておくことができたならば、よりよい基準を設けて、すべての情報が完全であったことは明らかである。除外された四つの不完全な基準とは次のようなものである。①沈黙への確信、②破局的な事態に巻きこまれた際の過度の心配、③人種的偏見、④慢性的な神経質。

ように感じ、今回の番組もこういったことを伝えているように思えました」

3　心配の量

この情報を得るには、「あなたは他の人に比べて心配が多いと思いますか？」という質問をする。回答者は自分が他者に比べて、より多く、より少なく、あるいはほぼ同じ程度の心配をしていると感じる。

4　自信の欠如

この特徴は、オールポート（Allport）の優勢服従反応研究から直接引用した質問に対する答えによって判断した。この質問は、個人が人々の中で誰かと進んで論争できるかを扱っている。面接ではさまざまな答えが得られる（付録B）。

5　運命論

自分の力が及ばない神秘的な力を前にして諦めてしまう人は、いかなる経験も運命であるととらえてしまうために、ウェルズの番組を聴いた時に、破局的な状況に直面しているという確信にとくに弱いようだった。この態度は次のような質問から伺える。「地球上の人間の生命はあなたにとって意味がなく、儚《はかな》く、不毛なものに思えますか？」「もしもその番組が真実であると考えたら、あなたは何をしましたか？」「どのような破局的な事態だとあなたは考えましたか？」

「私はただ聴き続けました。もしもこれが真実だとしても、死ぬのは一度限りだから、興奮することもないと考えました。**その時が来れば、死ぬのですから、それから逃れることはできません**」

「**私はなるようにしかならないと思いました。**番組の間は祈りませんでした」

「夫はメリーを台所に連れて行き、**神がその栄光と光栄のもとに私たちを地上にもたらしたのだから、私たちが去るべき時は神がお決めになると話しました。**父は『主よ、私たちをお救い下さい』と祈り続けていました」

6　信仰心

この情報は主に次の質問をすると、自然に詳しく述べられた。「あなたは神がこの世の出来事を支配できるし、そうしていると信じていますか？」もちろん、単に「はい」と答えただけでは、熱狂的な信者であるとは見なせないが、この質問をきっかけに多くの人は話が横道にそれて、終末論的な信念を語り始める。

「私たちはただ座って、ラジオを聴いていました。私たちはよきキリスト教徒で、**神が私たちの面倒を見てくださいます。**心の準備ができているので、私たちは死を恐れません」

「最初は、私は世界の終わりだとは考えませんでした。というのも、私は聖書のヨハネ黙示録で、**世界の終わりは火によってもたらされる**と読んでいたのですが、これが火だとは考えなかったからです。ビルが攻撃されて、崩壊していると思いました。しかし、そのうち火がつくと気づいて、これは世界の終わりが来ると思いました」

「聖書によると、世界の終わりはまず洪水から始まって、次に火が襲ってくるということが私の心に浮かびました」

7　教会への出席の頻度

聴取者が教会にしばしば、あるいは時々行くのか、あるいはまったく行かないのか質問された。これが宗教的な関心についての大雑把な指標とされたのは、回答者の信仰心についての詳しい情報を得ても、その人が原理主義的かあるいはリベラルかを判定するのは不可能であるからである。多くの割合の人々が、社交行事や知的刺激を得るために、当然、定期的に教会に行っているので、これはかならずしも神が人間の運命を定めているという点について個人の信念や崇拝を示す指標ではない。

客観的証拠

各事例はこれらの基準によって分類された。あるカテゴリーに確実に該当するとみなされると「+」が、明らかに該当しなければ「−」、疑わしい場合には「0」と判定された。各個人についての「+」の数は、その人物の被暗示性の強さを示している。[*41] たとえば、作業表は以下のようになる。

被面接者	1	2	3	4
不安定	+	−	−	+
恐怖症	+	+	−	−
心配の量	0	+	−	−
自信の欠如	−	−	−	+
運命論	0	0	−	+
宗教心	+	−	0	+
教会への出席の頻度	+	−	+	+

表10　異なる教育程度における行動群の被暗示指標の差（被暗示性の肯定的指標の割合[*43]）

教育程度	成功した方向性	不成功の方向性
高等学校以上	21	36
高等学校未満	24	41

このようにして得られた被暗示性が、放送に対する異なる反応や批判力の指標であると明らかにされた教育とどのように関連しているのだろうか？適切な行動をとることができた人はこの点において被暗示性が低いことを、表10は示している。教育程度が高い人のほうが比較的教育程度が低い人よりもこの被暗示性が低いことも示されている。もしも統計的結果がこのようでなければ、この点についてただちに疑問を抱く必要がある。しかし、われわれの現時点での目的でより重要であるのは、脆弱性の評点は異なる教育程度群でよりも、それぞれの同じ教育程度内でより大きいという事実である[*42]。これが明らかに示しているのは、人々のとった行動についてわれわ

＊41——このような手法はもちろん主観的なものである。しかし、七つの下位変数についての判断の誤りのほうが、変数全体についての判断の誤りよりは、深刻ではない。判断のさらなる誤りが相互の意味を打ち消しあう傾向にあることは疑いもない。

＊42——付録Cの表18では、異なる教育程度の人がとった行動のタイプについてより詳しく分析している。

＊43——「成功した方向性」という術語は、すでに述べたように、自力および他者による確認が成功したという点を指す意味で用いている。同様に、「不成功の方向性」とは、確認が不成功に終わったり、まったく確認を行わなかった人を指している。表10が元にしている数字は、付録Cの表17に示している。付録Cの表18では、データ解析の他の手法について解説している。同じ結果が示されている。

れが当初分類したことが妥当であり、教育的背景だけに基づいたわけではない、パーソナリティの特徴により測定されたことのほうが適切であるという点である。

この方法では、危険な状況に遭遇して暗示に対する一般的な感受性についてわれわれはやはり何も知らず、それぞれの七つの異なるパターンの行動を呈した人々がいかにこの番組に反応したかを知っているに過ぎないと、反論する心理学者もいるかもしれない。「被暗示性」という一般的な特徴を前提とするのは、たまたま関連を見出したいくつものパーソナリティの実際には別個の要素を非科学的に物象化したものに過ぎないと反論されるかもしれない。常識や客観的証拠に反する、この反論に対してここで完全に答えるのはあまりにも複雑になる。[*44] しかし、われわれの手法をここでは正当であるとして、重要であると考えたパーソナリティのこの特定の性質について考えていくことにしよう。

われわれが用いてきた七つの基準のいかなる確信、不安、行動を呈していようが、いまいが、それは個人の背景や内的な気質と大いに関連している。ある個人が何らかの影響を受けるとすると、その影響を受ける可能性のある環境の中に置かれていることは明らかである。信託資金を相続していなかったり、安定した職に就いていなかったりするために、経済的な不安定さを心配する人もいれば、キリスト教原理主義の家庭に育ったために、過度に宗教的な人もいれば、トラウマ体験があるために、恐怖症を呈する人もいるかもしれない。しかし、経済的に不安定な人、旧約聖書の真実を徹底的に教えこまれた人、危険から命からがら逃げ出してきた人、これらの人々がすべて危機的状況において過度の感受性を示す兆候を呈するという訳ではないようだ。何らかの傾向が選択的に機能して、他の人ならば影響を受けないような経験につねに影響を受けるような人がいるのだろうと、われわれは推量するしかない。この感受性の特定のパターンとそれが決定する特徴的な行動が、一般的なパーソナリティ傾向である。

われわれが用いた七つの基準はすべて、火星からの侵略の放送以前から認められる、個人の行動と確信と関連している。そして、さまざまな人がさまざまな経験をしているので、この事例研究の対象者全員がいかなるひとつの基準だけに当てはまることを期待すべきではない。しかし、さまざまな背景から生じるこれらの要因が互いに影響しあって、ひとつの概念のもとに基準をまとめられるのであれば、何らかの重要な結果を得ることが期待できる。これがまさに起きることである。たったひとつの基準だけが統計学的に重要な傾向を示すわけではない。事例数が少ないにもかかわらず、基準を総合的にとらえれば、ある種の傾向が明らかになる。これらの基準のすべてがより一般的なパーソナリティ傾向を示し、定義上、さまざまな状況に対する一貫した反応形態となる。

しかし、この傾向とは何であるのだろうか？　個人と、われわれが最初に直感的に選択したこれらの七つの基準のそれぞれの間の関係の類似点とは何だろうか？　不安定、恐怖症、心配、自信の欠如、運命論、信仰心、教会への出席の頻度で示される個人とその世界の間のより一般的・主観的関係とは何だろうか？　第一に、それぞれが個人のある種の不全感を示唆している。個人は自分が比較的無力であり、よりよく適応しようという最善の努力が不十分だと感じている。さらに、これが意味しているのは、個人の生命とその運命は主に自己の外部の力に依っていると信じていること

＊44――関心のある読者はこの心理学的問題に関する詳しい議論について、次の文献を参照されたい。Allportの前掲の文献。H. Cantril: General and Specific Attitudes. Psychol Monog, 1932, No.192.

である。たとえば、経済的状況は個人の力を超えるものであったり、超自然的な何らかの存在の意のままになったりすると信じている。これらがすべて積み重なって、極度の感情的不全感が生じ、個人を囲む状況が脅威を帯びてくると、その不全感はますます増大する傾向がある。個人の判断基準のために、自己の努力は不十分であるとみなしたり、外部の力に頼ったり、感情的な不全感のために、自身が有しているかもしれない適切な基準に対する信頼を容易に失ってしまう。次に生じるのは、もともと脆弱な自己信頼にさらに負担を増すような状況に直面すると、被暗示性が高まってしまう。個人の感情的不安定さは広範囲かつ動的である。そのために個人の判断や行動が影響を受ける。ウェルズの番組が引き起こした出来事は明らかに個人の安全感に脅威をもたらし、個人の資源や個人的な評価についての自信が必要となった。これらの要素が結合して、あるパーソナリティ傾向を呈したというのがわれわれの分析の結果明らかになり、これはパニックを説明するために用いられる追加の要因とみなされるのは決定的である。

ある人物が通常どのような批判力を有していようとも、感情的な不全感があまりにも強くなり、その良好な判断力を圧倒してしまうような状況では、本来の批判力が効果を現せなくなる。そのような状況というのは、個人自身あるいは、その人に近しい人が危険に曝されるような状況であるという可能性が高い。自己に迫った力の強度や緊急性があまりにも強くなり、批判力が機能する前に、刺激を受けて、被暗示性が高まってしまう。

聴取状況

ラジオで報じられた番組を聴いていた多くの人々にとって、それだけが聴くという経験全体の中でけっして唯一の刺激ではなかった。電話が鳴るのを耳にして、それに応えると、興奮した友達から番組を聴くようにと言われた人、年長の身内の人々と一緒にラジオを聴いていた人、訪ねていった友達と聴いた人、公共の場で聴いた人、愛する人とは別に自宅で聴いた人と、さまざまであった。ラジオを聴いた全体の状況はおそらく個々の聴取者によってさまざまであっただろう。そして、他のほとんどの社会的刺激と同様に、聴取状況は複雑なパターンを呈し、一連のはっきりとした要素としてではなく、全体として経験される傾向があり、聴取者がきわめて多様な刺激に曝されたことがわかる。それぞれの刺激が聴取者に特定の方法で影響を及ぼした可能性があった。そのような傾向があるために、正常の批判力が鈍った者もいた。このような多様な聴取状況がもたらした心理的結果の可能性を検討するにあたり、パーソナリティの分析で行ったような画一的な原因を探すことはしない。聴取状況がきわめて多様である可能性があるので、このような探索は無意味であるだろう。

聴取状況のある種の特徴

放送以外で、番組に対する聴取者の態度を決定するうえで重要な影響を及ぼしたのは何であるのだろうか？

最初に疑いを抱くことのひとつとして、**他の人々の行動の相互影響**がある。恐れおののいた友人から番組を聴くように言われた人は、他の理由で番組を聴いた人とは、異なる状況で番組を聴いたことになるだろう。もしも電話をかけてきた人をもともと信頼しているのであれば、その人の意見をとくに受け入れやすく、ある固定観念で番組を聴き、その人の態度を確認することになるだろう。

「妹が電話をかけてきて、私はたちまち怖ろしくなりました。膝が震えました」

「ひどく興奮してきた人が電話をしてきた時、私は休んでいました。その人から、隕石が落ちてきたので、ラジオを聴くようにと言われました。私は本当に心配になりました」

恐怖に駆られた人にラジオを聴くようにと言われた聴取者の中に、その報告の信憑性を疑った人もいたかもしれない。しかし、ラジオを聴いてみると、たしかに言われた通りのことが放送されていて、最初に抱いていた疑いが吹き飛んでしまったかもしれない。

「私は娘のパーティーの最後に必要な物をいくつか買いに店に行ったところでした。自宅に戻ると、息子が『お母さん、火星から何かがやってきて、世界の終わりが近づいている』と言いました。『馬鹿なことを言っては駄目よ』と私は応えました。すると、夫が『本当だ』と言ったのです。そこで、私はラジオを聴き始めました。そして、四〇人が死亡し、ガスが撒かれて、多くの人が窒息していると、知りました」

混乱や疑惑は軽度であったものの、他の人々の興奮した反応に囲まれて、いつもの批判力が妨げられた人もいた。

「私は警察署にひとりでいたのですが、誰かが電話をしてきて、ラジオで何が起きているのかと質問されました。ラジオをつけると、まさにその番組を放送している局がすぐに出ました。おやおや、私は怖くなりました。私はその局に電話をして真偽を確かめようとしたのですが、話し中でした。局

に電話をかけている人々がどんどん増えていったので、私は片耳でラジオを聴き、片耳で電話を聴いていました。外部に電話をかける機会はまったくありませんでした。私は人々に心配することは何もない、ただのラジオ劇だと言い続けていましたが、彼らを鎮めようとしただけで、私は話をしながらも、汗が顔を流れ落ちていました。ひどく恐れおののき、私だけを警察署にひとりにしておいている他の警察官たちを恨んでいました。しかし、私はその場に留まらなければなりませんでした。私には他の局にダイアルを替える暇がなかったのですが、本当に起きていることを知ったら、きっと安心したでしょう」

「**あの夫婦たちが大慌てで踏み入ってこなければ**、私たちがあれほど興奮しなかったと、私は考えます。私たちはとても穏やかで、とくに夫はそうです。私たち自身が番組を聴き始めていたのであれば、番組の真偽を確かめたとたしかに言えるのですが、彼らの影響で私はどの局でも同じように放送していると信じこんでしまったのです」

興奮している他の人々の声や姿に接して、通常は平静な人の感情的な緊張が高まり、批判力を減じることも時々ある。

「私が公衆電話ボックスから出てくると、店にはひどく興奮した人々がたくさんいました。私はすでに恐怖に駆られていましたが、**このヒステリー状態の群衆を目にして、何かがたしかに変だと確信しました**」

「友人がやってきましたが、**その顔は幽霊のように真っ青で**、私は心配になりました。彼は『侵略されている』と言い、その言葉に私は圧倒されました」

聴取者が他の人々に動揺させられたのは、同じ印象を持ったというよりは、**他の人々の動揺のた**

めに影響を受けたということもあるようだ。ある種の人々にとって、集団の混乱は、とくにその集団の人々が興奮している場合、個人の知的活動を何らかの形で引き下げることを、われわれは知っている。[*45] 彼らは何かを合理的に考えるには、ひとりでいて、あるいは少なくとも静かな部屋で考えたいと思う。そのような人々は、周囲から注意を妨げるような多くの刺激がある中では、集中することができない。ウェルズの番組が日曜日の晩という、人々が普通は寛《くつろ》いでいる時間に放送されたので、この影響がとくに大きかった例もあっただろう。

「私の妻も外見上は平静さを保っていました。しかし、**周りにあまりにも多くの人がいて、私たちはふたりとも平静でいられず**、一体実際に何が起きているのかを確認する機会を失ってしまいました」

「私は雑貨店の中にいて、客への対応が忙しくて、**他の局ではどのように報じているのかしばらくは確認できませんでした**」

聴取状況の性質を変えたかもしれない他の影響は、集団内での聴取者の地位であった。もしもある人が通常ある集団において影響力のあるメンバーであれば、他の人々の反応からとくに強い影響は受けないと思われる。しかし、年齢、従属的な立場、知識、性格の差などのために、ある人がある社会状況において一般により従属的な役割を果たしているならば、他の人々の反応を信じ、模倣する可能性が高いだろう。

「母は私の言葉を真に受けました。**というのも、私は大学卒業ですが、母は大卒ではなかったからです**」

「**私たち女性は神経質になっていて**、こんなことが本当ではあり得ないと言い続けていました。とうとう、男性たちが戻ってきて、これは真実ではないと言ったのです」

社会的状況における自分の特定の位置がよくわからずに、社会習慣の圧力のために、自分でも無能な役割と見なしていることをしなければならないこともあるかもしれない。自宅に家族と一緒にいる男性は、何をすべきと思われているかを承知していて、一般に行動を起こす自由がある。しかし、友達と晩のひと時を過ごしていると、その行動はより制限を受けるかもしれない。部屋に隙間風が入ってきたら、窓を閉めるのはその人の仕事だろうか？ もしもラジオ番組が気に入らないならば、他の局に替えることはできるだろうか？ こういった理由で、番組を聴いていた人は、通常の行動が妨げられたのかもしれない。

「私たちはパーティーに出かけていました。皆が恐怖に駆られていました。**私は他の局でも同じ放送をしているか確かめたかったのですが、他の人々はウェルズの放送を最後まで聴きたがりました」**

危険が目前に迫っていることが、反応を部分的に決定したという人もいた。番組を聴いていた地域が、たまたま侵略された地点に近かったために、個人的にもこの破局に深く関わっていると感じた人もいたのだろう。

「トレントンから**火星人が北に向かい始めて、**私たちは本当に恐ろしくなりました。**火星人が間もなくこの街にやってくるだろうと思いました」**

「ガスがここから数マイルの所まで近づいていると知らされるまでは、私たちはそれほど怖がって

＊45——C. Murchison編『A Handbook of Social Psychology』（Worcester: Clark University Press, 1935）の第二三章J. F. Dashiell: Experimental Studies of the Influence of Social Situations on the Behavior of Individual Human Adults”を参照されたい。

はいませんでした」

聴取状況の可能性として最後に挙げられる特徴は、通常の家族の輪から離れた状況であった。いつもならば責任を持つべき家族や頼りにしている家族から離れた状況にいた人は、家族と一緒にいたいと強く思い、他の行動はどうでもよいと感じた。

「妻と私と隣家の友達二人が一緒にラジオを聴いていました。私は怖かったし、部屋にいる皆が怖がっていました。**ただただ心配することしかできませんでした。とくにウッドブリッジにいる息子が心配でした。**ウッドブリッジについて放送された時には、とてもひどかった。でも、どうすることもできませんでした」

「夫と私は何人かの友達と自動車に乗っていました。はじめて**娘を家にひとりで置いてきました。私が最初に考えたのは、娘のところに戻らなければということでした**」

異なる聴取状況において機能した心理的影響がいくつかある。証拠を検証してみると、これらの影響は互いに独立していたものはまったくないことを忘れてはならない。このうちのいくつかは他の結果を解釈するのに必要であるかもしれない。

聴取状況の影響に関する証拠

他者からラジオを聴くようにと言われた人のほうが合理的に行動する率が低かったことを、表11が示している。この理由としてはおそらく、聴取者の元来の態度と、他者の判断が及ぼした相互作用の両者が関連しているだろう。

比較的通常とは異なる聴取状況にあった人は、確認が成功する可能性が低く、より強い恐怖に駆

表11　番組聴取の理由とその後の行動の成功

理由	その後の行動に成功（%）	その後の行動に不成功（%）	合計%	合計数
自らマーキュリー劇場を聴いた	60	40	100	10
たまたま聴いた	49	51	100	53
他者からニュースを聴くように言われた	25	75	100	36

られる傾向を認めた（表12）。これは、他の家族が不在で、社会的状況における通常の定まった役割がその状況では失われていて、自力では解決できない比較的不慣れな負担に圧倒されていたためであるだろう。[*46]

詳しく面接された人々のうちで一一人が公共の場で番組を聴いていた。これらのうちで八人が四〇歳以下の男性であったのは驚くべきではない。これらの一一人を、性別、年齢、教育程度、驚愕の程度によって、他の被面接者一一人と慎重に組み合わせた。両群とも数は少なかったが、行動の差が明らかになった。公共の場で番組を聴いた人は、対照群と比較して、恐怖に駆られた人々をより多く目撃し、自身の行動もひどく興奮したものとなった。とくに重要であったのは、何らの確認行動もとらなかった人の数の差であった。公共の場で番組を聴いた一一人のうち八人（うち五人が高等学校卒）が確認をしなかったのに、対照群ではまったく確認しようとしなかったのはわずかに一人

＊46――ひとりでいた人で確認行動が成功した明らかな理由について本文で言及していないのは、他の要因を考慮すると、パーセンテージの差がごく表面的であるからだ。しかし、他の差は他の影響により除外できない。

表12　聴取状況とその後の行動の成功の比較

理由	その後の行動に成功（%）	その後の行動に不成功（%）	合計%	合計数
いつものように家族と一緒だった	48	52	100	50
家族の家の数人と一緒だった	42	58	100	19
家族が不在だった				
友達と一緒	16	84	100	19
ひとり	55	45	100	11

であった。両群の人々の行動を精査すると、公共の場で放送を聴いた人が混乱の程度が強くて、恐怖に圧倒されていたのは、自宅から離れていて、家族のことを心配し、恐怖のあまり興奮した他の多くの人々が周囲にいたためであった。しかし、これは単に多くの人が混乱していたから、合理的な行動がとれなかったという意味ではない。グループの影響は、単にその実際の大きさよりも、個人の目的や関心の均一性により密接に関連しているようである。さらに、興奮した人々は、冷静な人々よりも、群れる傾向があるので、グループは恐怖の原因であるというよりは、結果と考えるほうがよいだろう。

　面接された人の恐怖の程度と場所について比較したところ、危険が今にも我が身に迫る可能性のある範囲にいた人の聴取状況は、比較的離れた所にいた人とは異なることが示唆された。調査はプリンストンから指示して行われたため、監督、利便性、研究資金などの理由から、面接のほとんどがニュージャージー州北部で実施された。幸い、最初の火星人はプリンストンから数マイルしか離れていない場所に着陸した。侵略地点の近く（トレントンや

とても心配だった

プリンストンの近傍）に住んでいて面接された人の七〇パーセント、ニューワークあるいはその南の住民の五〇パーセント、ニューワークの北の住民の四〇パーセントが恐怖感を抱いた。

ＣＢＳ全国調査では番組をニュースととらえていた人に面接し、その興奮について調べたところ、それは火星人の攻撃からの距離に関連していて、ニュージャージー州グローバーズミルから遠く離れて生活していた人ほど恐怖感は少なかったことがやはり明らかになった。この調査で面接された、侵略地点からきわめて近い場所（ニューヨーク州、ニュージャージー州、ペンシルバニア州）に住んでいた人の三分の二が恐怖に駆られていた。近接していたわけではないが侵略地点から五〇〇マイル以内に住んでいた人の六〇パーセント、一〇〇〇マイル以内の人の五七パーセント、二〇〇〇マイル以内の人の五三パーセントが恐怖感を抱いた。傾向が一貫しない点として、二〇〇〇マイル以上離れた所（西海岸）に住んでいて、番組をニュース放送と考えていた人の六五パーセントが明らかに狼狽していた。距離の離れた西部での反応について、そのデータでは十分な説明がされていない。結局、火星人の機械は全国に落下してきたと報道されていた。

他者に確認を委ねた人の特徴を調べて、他の人々と一緒にラジオを聴いていたが、自力では確認をしなかった残りの人々と比較したところ、グループ内でより従属的な役割を果たす地位にいるように思われた。[*47] 若者、女性、教育程度の低い人は、番組について自力で確認を取ることにあまり主

＊47——聴取者の適応に基づいて、聴取者を最初に四種に分類したことを、読者は思い出してほしい。三六人が検討から除外されたのだが、そのうち二八人は自力で確認し、六人は番組がラジオ劇であることにたまたま気づき、二人は例外的であったという理由である。表13は、自力で番組を検討した二八人の分析に基づいたものであり、グループでラジオを聴き、自力では何も確認しなかった人々と比較した。

表13　誰か他の人が確認した割合

年齢	%	他の人に確認してもらった人の数	合計数
50歳以上	17	2	12
35～49歳	26	10	38
20～34歳	29	9	31
20歳未満	58	7	12
性別			
男	13	5	35
女	29	23	58
教育水準			
高卒以上	24	11	46
高卒未満	36	17	47

導権を握らなかったという傾向がある（表13）。この結果は、「従属的」な人は自力で確認する傾向が低いという意味ではない。ここで言う従属性とは、個人が置かれた社会的背景によるものである。

まとめ

批判力だけが、パニックの予防策になるわけではない。判断力は、個人の被暗示性のパーソナリティや異常な聴取状況によって引き起こされた感情によって、強く影響を及ぼされるかもしれない。もしも批判力が一貫して機能しているならば、危機的状況においても屈することなく、外部の状況に影響されない人がそれを持ち続けるに違いない。

問題の多い世界に存在していること

Being in a Troublesome World

7

歴史的状況

どのグループに属する人の特徴的な思考や判断も、その人が置かれている文化に深く根をおろしている。優勢な社会状況から、個人が適応する状況が生じる。一九三八年一〇月三〇日の米国の社会状況が、とくに番組をたまたま聴いた人にパニック行動を引き起こしやすかったのだろうかと当然疑問に感じる。黄金の一八九〇年代や一九二五年と比較して、混乱が激しかったのだろうか？　もしも同様の状況が起きたとしても、他の歴史的時点よりも一九三八年のほうが適切な方向の行動をとれる人が少なかったのだろうか？　そして、もしも状況がとくに混乱していたのであれば、すべての人に同じように影響を及ぼしたのだろうか？　これは将来の歴史家や社会学者にとって本質的な疑問である。しかし、われわれの現時点での視点と証拠では、パニックの発生に寄与した社会状況のある種の状況を明らかにすることができる。

不安定な重要な社会規範

文化が非常に安定していて、完全な平衡状態にあるならば、文化を形成している個人の準拠枠は文化の基準と完全に一致している。これはさらに、個人自身にとっての準拠枠は自身の欲求を満たす環境において完全に適切な経路となっているという意味でもある。しかし、このような理想的な状態はいかなる大きな文化群においてもけっして存在してこなかったことは明らかである。むしろ、不穏、変化、欲求不満、不満足のほうがごく当たり前に存在してきた。少なくとも人口のある部分にとっては、個人の身体的・心理的欲求を満たすには現在の標準は不十分である。革新的な思想家の場合と同様に、個人の準拠枠は受け入れられている標準に合わないか、あるいは、自分が感じている不満足を十分に説明できない。すると、まるで解決策がまったくわからないと率直に打ち明けたり、次から次へと解決策を試そうとしたり、すべてを単純化して、わかりやすい解決策を示すタウンゼント（Townsend）博士のようなリーダーに従ったりするかのいずれかとなる。

火星人の侵略の際には、多くの社会的標準やそれに相応する個人の習慣が急激な変動状態に陥り、それまでには受け入れられていた社会的標準が人間の欲求を満たすには不十分であったり、外部の考えによって覆される危険に陥ったりした。いずれの場合でも、文化を形作っている多くの人々が当惑し、混乱したのだ。

不安定な状況

とくに一九二九年の大恐慌以来、多くの人々が経済的安定を将来ふたたび手に入れることができるのだろうかと疑問に感じ始めていた。複雑な現代の財政や政府、さまざまな「専門家」によって示される経済や政治に対する異なった提案、ファシズム、共産主義、数百万人の米国人の長期にわたる失業についての怖れなどがある。このような怖れとともに、きわめて多様な現代生活があり、ごく平均的な個人にはまったく解釈不能な環境ができあがっている。理解できないことが起きるばかりでなく、このような出来事のほとんどすべては、たとえ個人の生活がそれによって極度に影響を受けるとしても、今の自分の能力ではそれに完全に対処することができない。個人は急速な社会変化の時代に生きていると感じているのだが、どの方向に変化し、どのようにしてそれに適応すべきかまったくわからない。ほとんどの場合、これから生じる出来事がどのような結果をもたらすか予測不能である。

この状況は、公人、大企業のビジネスマン、社会科学者だけに限られたものではない。多くの一般の人でさえもこれに敏感に気づいている。経済秩序の混乱がもたらす物質的な結果に気づくのは誰にとっても難しいことではない。そして、われわれの研究の目的にとってもっとも重要であるのは、個人的な不安、野望、すべてが世界にとって適切でないという認識がもたらす不安という意味での、心理的結果である。いくつかの無作為の観察からも、これらの不安定な状態が人々にとってどのような意味があるのかを明らかにできるだろう。

ＡＩＰＯの最近の調査には、「もしもあなたが現在の仕事（あるいは商売）を失って、他の仕事を見つけることができなければ、生活保護を申請するまで、どれくらいの期間持ちこたえることができると考えますか？」という質問が含まれていた。[*48] この質問に対する答えは、人口の半数以上が基本的な不安を抱えていることを示している。[*49]

すでに保護を受けている	一七パーセント
持ちこたえられるのは一カ月未満	一九
一～六カ月	一六
六カ月～三年	一三
三年以上	三五

同じ調査で、どの社会階層に属していて、自分がどの収入層に属していると感じているのかを尋

ねた。この二つの質問に対して、人口のわずかに六パーセントが低社会階層、八八パーセントが中流社会階層に属していて、三一パーセントが低社会階層の一員であると答えた。このように、人口の四分の一では、自らの収入と自分が属している社会階層の不一致が認められた。

一般教育、広告、マスメディアによるコミュニケーションは、豊かな生活の可能性をこれでもかと人々に投げかける。自動車、集中暖房、下水道、その他さまざまな物に対する欲求がすぐ手に入るところにある。われわれのわずかな事例検討でさえも、「あなたは次の中でどれをもっとも手に入れたいですか？」と質問して、一八項目のリスト（例 立派な家、旅行、職業での昇進、等々）から選ぶように指示したところ、高等学校卒業以上の学歴の人は、教育水準の低い人に比べて、二倍以上も挙げた。もしも経済状態が安定し続けて、教育程度がさらに上がっていくならば、大衆の願望の水準と達成の水準の格差がますます広まっていくことだろう。

ウェルズの番組の聴取者のある事例では、経済的、政治的、社会的状態における一般的な混乱が、

＊48——一九三九年四月二日発表。

＊49——米国資源委員会（National Resources Committee）による報告書『米国の消費者収入（Consumer Incomes in the United States）』を参照されたい。これには一九三六年における収入分布が図示されている。さらに、同委員会の報告書『米国経済の構造：第一部：基本的特徴（The Structure of the American Economy, Part I: Basic Characteristics）』を参照されたい。この報告書はしばしば引用されてきたが、『怒りの葡萄（Grapes of Wrath）』『輝ける日々（These Are Our Lives）』『変換期のミドルタウン（Middletown in Transition）』といった本に描かれた大恐慌がもたらした結果を理解し、その意味合いを感じ取れなければ、米国に広まっている生活水準の低さを個人的な状況で理解するのは難しい。

表14　番組をニュース放送と解釈した人の教育程度と経済状況の割合

	教育程度		
経済状況	大学（%）	高等学校（%）	小学校（%）
高	28	31	43
平均	25	34	45
低	0	44	53

非現実的な解釈の主要な原因であると思われた。さらに、番組をニュース放送だと強く信じた人は、経済的な危機の境界線上にもっとも近い人であった。教育程度と経済状態の間には密接な関係があり、教育程度の低い人は適切な方向の行動をとることができなかったと、われわれはすでに明らかにした。しかし、教育程度を合わせて、経済状況によって番組への適応を比較したところ、教育程度に関係なく、貧しい人ほど誤った判断基準をとる傾向があることが明らかになった（表14）。

人々がどのように感じ、彼らがすでに知っている混乱した世界とほとんど同様と思われる報道になぜ影響を受けたのか、事例研究の意見のいくつかが示している。

「この世界はすべてが混乱しているので、**何が起きても不思議はありません**」

「祖父の時代に比べると、大変な出来事が突然起きるので、**今は一体何が起きるのか知りようもありません**。私はひどく混乱しています」

「数年前に夫が失業してからというもの、**どんどん事態が悪化していったように思えます**。すべてがまたよくなるのがいつになるかわかりません」

「**私たちは問題の多い世界に存在しているので、何が起きても不思議はありません**。毎日たくさんのニュースを耳にしますが、信じられないことが多すぎます。突然、学校で六〇〇人の生徒が焼死したとか、非常に多くの人々が職を失ったとか。どれも私にはショックです」

多くの人々にとって、現代文明の当惑させられるもうひとつの特徴とは、科学の神秘である。科学的教育や自己を取り巻く事柄について調べるための十分な個人の能力、主体性、あるいは機会を持たない、ある種の人々にとっては、電話、飛行機、毒ガス、ラジオ、カメラなどは、圧倒されるような力で目の前に現れる。これらが機能する原則がまったく理解できない。このような機器は外部の世界からやってきて、当惑した素人にとっては完全に未知の世界に存在している。科学者たちは一般にしばしば「彼ら」と呼ばれる。このテーマに類似のさまざまな表現が事例研究で認められる。科学によって現在われわれが手にしているものを想像できるのであるならば、宇宙船や殺人光線ができないはずはないだろうというのだ。

「**私は彼らが宇宙船の実験をしていると聞いた**ことがありますし、そのうちそれができると思います」

「とても多くの奇妙なことが世界で起きています。**科学があまりにも進歩してしまった**ので、火星で何が起きているのかわかりません。これほどの急速な進歩では、何でも可能です」

戦争の恐怖

この番組は、ヨーロッパの戦争の危機の只中の直後に放送された。危機が非常に現実味を帯びていただけではなく、歴史上にこれほど広く知られていた危機はなかった。これはまさにラジオという媒体と、現場に特別レポーターを臨機応変に素早く配置する大放送局のおかげであった。一九三八年の八月から一〇月にかけて、数百万人の米国人がラジオを定期的に聴いて、国際的な危機の発展に関する最新情報を得ていた。おそらく、放送史上これほど多くの人がラジオに釘付けになったことはかつてなかった。放送局は四六時中、最新ニュースを伝えるために前もって計画されていた番組をしばしば中断した。こうして、ウェルズの番組の技法と内容は、前の週の世界の出来事から生じた、既存の精神的内容に組み込まれていく傾向にあった。

「どのような破局的な事態が米国人に起こる可能性があるでしょうか?」と面接者が質問すると、恐怖に駆られた人の四分の三、対照群の二分の一が、戦争あるいは革命と答えた。「あなたはそれがどのような破局的事態であると考えましたか?」という質問に対する答えにも同様の気分が見て取れる。火星人の侵略を除くと、唯一最大の反応のカテゴリーは、破局的事態とは戦争あるいは外国から何らかの攻撃をされるという確信であった。番組のために当惑したり、恐怖に駆られたりした人の四分の一以上がこのように答えた。戦争の恐怖についてのさらなる表現として、聴取者は実際侵略者のイメージを描いた。当惑したり、恐怖に駆られたりした人の約半数が非現実的な侵略者のイメージとして火星人、巨人、人間に似た形の生物を描いたが、約五分の一は最新兵器を装備した兵士の攻撃を思い描いた。恐怖に駆られた群の人々は、当時、戦争についてひどく心配していたことは当然であった。

新たな戦争の恐れは漠然としたものであったかもしれないが、ヨーロッパの戦争の恐怖はある種の人々を非常に現実的な混乱に陥れた。主にドイツや日本と限定して、問題が起きる可能性についてはっきりと捉えている人もいた。以前の平和な時の基準が不安定となり、新たな基準のもとで混乱をきたし、個人的に望まない危険が近づきつつあることが事例研究の中にもはっきりと見て取れる。

「**戦争の話題にとても不安になりました。**チェンバレンがヒトラーと会談して以来、状況は非常に不安定です」

「戦争になったからというのではなく、戦争が迫っているので、**私は不安に感じています。**飛行機に新たな装備をつければ、外国がわが国を侵略するのは可能だと感じます。ヨーロッパ危機の間、私はすべての放送を聴いていました」

「ヨーロッパの人を皆、**私は恐れています。**彼らはどんなことでもできるでしょう」

「私は破局的な事態とは**ドイツによる攻撃**だと感じていました。というのも、ヒトラーはルーズベルト大統領の電報に感謝していなかったからです」

「アナウンサーは火星から隕石が落下してきたと伝え、彼がそう考えているのだと、私は思いました。**しかし、私の頭のどこかで、隕石というのは偽装だと考えていました。**それは、隕石のように見えるけれど、実際にはツェッペリンのような飛行船であって、**ドイツ人がガス爆弾で私たちを攻撃している**と思いました。人々をだますために、飛行船を隕石のように見せかけて作ったのです」

「私は**日本人ではないか**と感じました。奴らは実に器用ですから」

数人の人は、侵略をユダヤ人に対する戦争の拡大であると解釈した。

「ユダヤ人が虐待されている地域が世界にはあるので、**何かがやってきて、米国でもユダヤ人を殺そうとしている**と、私は確信しました」

「私はユダヤ人の将来をひどく心配しています。これほど、私を悩ますことはありません。**これはユダヤ人虐待の新たな試みかもしれない**と私は考えました」

災害の戦慄

ひどく病んでいる人や人生の状況が悲惨な人が、一時的な変化を求めたり、問題から逃避することによってしばしば現状から目を逸そうとすることはよく知られた事実である。退屈な生活を派手な服装やけばけばしい家具で一時的に気分を晴らしたり、うらぶれた一家の大黒柱が地元の居酒屋で憂《う》さを晴らしたり、心配性の主婦が宗教活動に熱狂したり、抑圧された若者が数時間だけ恋人や映画の中のギャングに自分を重ね合わせたりすることもあるだろう。人生の責任、心配、欲求不満から逃避する社会的に受け入れられた方法がたくさんある。たとえば、悩みを一時的に止めたいと思う人には、映画、センセーショナルな雑誌、友愛団体等が山のようにある。

これらの明らかな逃避に加えて、このような人々が直面している問題を解決するかもしれない他の二種の状況がある。第一に、ある種の社会的混乱が、欲求不満を創り出す状況を解消することがある。革命直後の初期の日々は、一般に自由と放埒をもたらす。こういった高揚感が、結局、以前よりも悪い状況をもたらすこともあるだろう。しかし、強烈な心配や不安を持っているため、意識的・無意識的にこの大変動を歓迎するのかもしれない。たとえば、銀行員が困窮した家族を助けるために横領したとしよう。しかし、良心のあまり、いつか自分が逮捕されるとつねに心配するかもしれない。しかし、ある日、銀行が爆破され、すべての記録を失い、彼自身も重傷を負った。このような男がこの惨劇を歓迎するだろうと想像するのは難しくない。事例研究の中の数人も、何らかの安心感をもたらすので、火星人の侵略とその結果としての滅亡を歓迎する兆候を示した。

「私は全人類の滅亡と世界の終わりを何か喜んで待ち望んでいました。ファシストが支配する世界が来るのであれば、いずれにしても生きている目的などありません」

「この件に自分を関連づけて考えたたったひとつのこととは、私は**もう肉屋の支払いをしなくてもよい**ということでした」

「冷蔵庫の中を見ると、日曜日の夕食で残り、月曜日の夕食にとっておいたチキンがありました。そして、私は甥に『**このチキンを食べてしまいましょう。**私たちは朝にはここにいないのだから』と言いました」

「放送を聴いて私たちは皆とても心配になりましたが、**少なくとも一〇年は義母の寿命を縮めてくれた**と思いました」

問題から救済されるもうひとつの方法は、自身の責任を棚上げにして、社会全体が立ち向かっている脅威との戦いに心配を集中させることである。たとえば、自殺率が戦争中は下がることをわれわれは知っている。これはおそらく、潜在的に自殺の危険の高い人が、社会が価値を置く新たな安全感や新たな責任を得るからだろう。ウェルズの番組を聴いた人の中には、番組を聴いて、その情報をまだ知らない人に告げることで、他者を助け、自分には価値があると感じた人もいた。彼らは一時的であったとしても、グループの中の重要な一員となった。

「私は夫にラジオを聴くようにと強く勧めて、おそらく**歴史的な瞬間**なので、聴き逃すと後悔するだろうと言いました」

「このようなことを耳にして、それが真実だと思うとは、まさに**生涯の戦慄の瞬間**でした」

「私はこれまでにこのようなことを聴いたことはありませんでしたし、この件について知った後も興奮していました。**このことについてすべてを誰かに話したかったのです**」

恐怖を感じつつも、番組を楽しんでいるように見えた人もいた。というのも、この件に対して、これまで独りで、あるいは少数派グループとして担ってきた、権利、特権、理想の葛藤に対して、他者と協力することができたからである。たとえば、あるユダヤ人の女性は次のように述べた。

「**これはユダヤ人だけでなく、すべての人に影響を及ぼす**とすぐに気づき、私は安心しました。**すべての人が死ぬのであるならば、**そのほうがよかったのです」

比較的稀ではあったが、迫りくる破壊に対する両価的な態度がその時代の鏡の役割を果たしていた例があった。そのような人々は、民主主義が保証され、すべての人に役割があり、金銭、食物、住居がふんだんにあるような理想的な社会秩序の中で暮らしていたとしても、おそらく喜びを得たり、自身の心配から逃れたりできないだろう。

もしも人々がより高い教育を享受し、そのために満足すべき職を得て、自らの欲求が満たされるだけの十分な酬いがあるとするならば、ウェルズの番組が広範囲にわたるパニックを引き起こすことはなかっただろうと、われわれはこれまでのところ示してきた。米国も巻きこまれるかもしれない迫りくる戦争の危機のために、時代が混乱しているようにも思われる。これらの文化的混乱がおそらく、とくに教育程度が低く、低収入層の人口において認められた批判力の欠如にとって重要であると思われる感情の不安定さに大きく関与しているのだろう。

これまでの議論全体を通じて、聴取者がウェルズの番組を解釈する際に動員した主観的文脈の個人的で独特な特徴を、われわれは強調してきた。分析に際して、分類法を用いて、これらのさまざまな文脈を概念化せざるを得なかった。しかし、『宇宙戦争』の著者が指摘しているように、「われわれの心のピンセットはひどく不器用であって、それでもって真実を掴もうとすると、少し潰してしまう」。*50 パニックの性質を説明する最終的な結論を下す前に、パニックに陥った数例の事例研究に戻って、個人の生活で言及した要因がその人物の聴取経験とどのように関連していたのか検討していくことにしよう。

＊50——H. G. Wells: Experiment in Autobiography. New York: Macmillan, 1934, p.180

My Background

個人的背景

8 個別の事例

これまでの章で、多くの異なる因子が偶然にもたらした可能性のある影響について検討してきた。批判力、パニック行動への被暗示性に影響を及ぼすパーソナリティ特性、聴取状況、放送時の文化的背景などの重要性についても議論してきた。これらのさまざまな因子が独立して作用しているなどと示唆するつもりはまったくない。単に方法論的な理由から、個別に検討せざるを得なかったのである。個々の事例において、これらのさまざまな影響がどのように作用しているのかを検討することによって、われわれの考察は完成にさらに近づくだろう。

面接で得られた一三五事例すべてをここに挙げるのは残念ながら不可能である。各事例にはすばらしいストーリーが含まれている。もしも一つひとつの事例を検討できるならば、パニックの複雑さを完全に理解することができるだろう。しかし、いくつかの代表例で満足しなければならない。ただし、被面接者の全人生を語ることを目的としているわけではなく、約一時間の面接で集めた個人の話の単なる関連あるつながりに過ぎない[*51]。面接の手順に従って、ある種の標準化された情報を収集したのだが、個人の習癖、価値観、不適応などについても臨機応変に情報を集めていった。

代表的な六事例を以下に挙げていく。教育程度の高い二例、感情が不安定な二例、信仰心の篤い二例である。どの組み合わせにおいても、一人は恐怖に駆られ、もう一人はそうではなかった。このように選択したのは、これらのカテゴリーの中でも非常に大きな個人差が存在することを示すためである。

高学歴、恐怖に駆られた事例

ロビンス氏は、二〇歳、独身で、ニュージャージー州のある大学の三年生である。父親は大企業の重役で、家族は裕福である。ロビンス・ジュニア氏は、自家用車と株式を所有していた。プロテスタントで、時々、教会に通う。

ロビンス氏は友人と自動車を運転していた。その友人のガールフレンドを訪ねた後、大学に戻るところだった。ニュージャージー州境を超えようとしている時に、彼らはWABC局を聴き始めた。ダンス音楽の後に、隕石についてのニュース速報があった。CBSがどのような緊急事態でも、現場に人を派遣しているようであったので、ロビンスはこの放送局を信頼していた。プリンストン大学のピアソン教授が話し出すと、ロビンスはその声に聞き覚えがあり、心配し出した。トレントンへの道が封鎖されていると知り、彼と友人はひどく狼狽《うろた》えた。家族がニュージャージー州に住んでいたので、ドラッグストアに自動車を停めて、電話をかけ、家族の無事を確かめようとした。店内にはすでに四人の客がいたが、彼は興奮してこのニュースを話した。電話ボックスでは、回線が混雑していて、相手が出ないと言われた。彼が電話ボックスを出ると、店内の人々が興奮しながらラジオを聴いていた。「何か大変なことが起きている」と確信して、友人のガールフレンドを救出する

＊51――面接の流れは付録Bに挙げてある。心理学的研究の方法としての事例研究に関する議論は次の文献を参照されたい。Gordon Allport: Personality. New York: Holt, 1938, pp.388-399.

ために戻ることを決めた。フルスピードで自動車を運転しながら、ラジオを聴き続けて、「事態を収拾するのは不可能だ」と内務長官が語るのを耳にした。「最悪のことを聴くのに耐えられず」、彼はラジオを切った。「主よ、私たちをお助け下さい」と祈った。「私は運命が降りかかってくるのを待っていました。実際にガスの臭いがしました」。彼らは他の局に合わせて、ニュースを聴こうとした。もう一度WABCに戻ると、地球上に残った唯一のラジオ局であるとアナウンサーが伝えていた。彼らはそこでこの番組が単なるラジオ劇であると気づいた。しかし、彼らは汗びっしょりだった。ロビンスはその後数日消化不良となり、その晩だけでも体重が五ポンド減ったと話した。

面接中のロビンスの答えは、教育程度は高いものの、ごく平凡な男で、平均的な知能であることが示唆された。読んでいる雑誌を尋ねられると、エスクァイア、リーダーズ・ダイジェスト、コリアーズと答えた。大学の課題以外では本は読まないと述べた。新聞で主に興味があるのは、スポーツ、社会、海外ニュースである。何に興味があるのかと質問されると、テニスと広告業と答えた。社会グループに対するこの同調性は、単に彼の年齢によるものとは思われない。彼がもっとも誇りに思うことについて質問されると、「私の背景、家系図、優れた知識」と答えた。

この男性はおそらく平均的な人よりも知識はあっただろうが、独自に思考する能力に欠けていた。そこで、彼は権威的な暗示にとくに感受性が高かった。CBSの「ニュースが高く評価」されているので、その番組を易々と信じこんでしまった。プリンストン大学の教授や政府の高官は彼に強い印象を残した。知識と経験は彼にとって、事態を理解する情報源というよりは、社会的地位の問題であった。自分の知識を信頼するよりは、「もしも神がいるならば」、神に祈るのだった。すべての知識を用いても、「あらゆる現象が可能である」と認識することしかできなかった。彼のようなごく普通の人間にとっては、権威のある人から示されると、すべての危険を現実のものとみなすという意味である。

ロビンスの反応を説明するのに非常に重要であるのは、何かが起きると、経済的に不安定になってしまうのではないかという怖れである。米国に起こり得る重大な破局とは「遠くない将来に起きる深刻な階級闘争である。もしもこの国を治めている人々の質が改善しなければ、国も堕落してしまうだろう」、「現在、事態は非常に不安定だ。大統領はすべてのことに介入して、彼が政権の座にある限り、事態は改善しないだろう」というのだ。一九三八年秋の戦争の危機の際に、彼が心配したのは関係のある人々についてではなく、「景気と自分の株式」のことばかりであった。彼を、そして友達や家族も一緒に重大な影響を及ぼす危機がついに起きたのだ。彼がつねに恐れていた人々こそが問題に巻きこまれて、自身の階級についての深い懸念が彼の判断基準に影響を及ぼして、「文明の終焉」(ただし、世界の終わりではない)がやってくると信じるようになった。

高学歴、恐怖を覚えなかった事例

ハミルトン医師は、二九歳男性で、結婚していて、幼い子どもがいる。現在、ニュージャージー州のある工業都市で開業して、経験を積みつつある。この二年間CCCキャンプの医師として働き、経済的に不安定な日々を乗り越えてきた。プロテスタントであるが、教会には通っていない。借家住まいで、階下に診察室があり、階上に住居があった。自動車と電話を所有している。

ハミルトン医師は、午後七時五〇分頃、診察室でラジオを聴いていた。しばらく席を外し、もう一度部屋に戻ると、『宇宙戦争』が始まっていて「歩兵を配置した」と聞こえた。番組の冒頭を聴き逃していたので、番組が単なるラジオ劇だとは知らなかった。しばらくの間、その放送を信じていたが、事態の展開があまりにも速いので、すぐにストーリーの信憑性を疑った。彼は他のいくつかの局を聴いた後、ふたたびウェルズの番組に戻り、ラジオ劇を楽しんだ。火星人の話は「面白いが、あまり真実味がない」と考えた。

ハミルトン医師は人生を興味深いと思い、十分に満足していた。人生で何か変化してほしいことはないかと質問されると、「今のところ、何もない。もちろん、開業がうまくいってほしいけれど」と答えた。しかし、医師としての開業が間もなく成功するだろうという点について何の疑いも抱いていなかった。彼は他の人よりも心配事が少なく、「いつも事態が幸運に推移する」と考えていた。

医師の願望には誇大的なものはなかった。社会的な地位を誇示するような所有物はなかった。個人的な不全感や無能力感を示す兆候もまったくなかった。自己の内部にも外部にも怖れを感じていない。これは、彼が経済学、科学、政治、哲学、生物学の本をたくさん読んでいるので、不運の可能性に無知であるためではなかった。雑誌はめったに読まない。彼の唯一の心配は、戦争が起きて、徴兵されることだった。これは彼の仕事が台無しになったり、負傷したりすることを意味していた徴兵されることだった。恐れていたたったひとつのことは「手の機能を失うことだった」。自分ではコントロールできない身体的な打撃以外は恐れていない。そして、戦争とそれがもたらすすべての破壊は、他の人々の愚行の結果であると軽蔑している。

ハミルトン医師は平均の分析能力以上である。彼は感傷からは程遠く、「平凡な存在」として生きている人に耐えられない。単なる満足に留まることはできないという。確固たる証拠がないのに、「あれこれと考えることはしない」という。

これらの二事例からは、「教育」だけがパニックを予防するものではないことが明らかである。ロビンス氏とハミルトン医師のパーソナリティは非常に異なる。両者ともに異なる目的で正規の教育を受けてきた。ロビンスにとっては知識は出来事に対する受動的な心配であり、ハミルトンにとっては自身の望む人生を手に入れるために使う道具であった。ロビンスにとって、人生とは今や重大な危機に瀕していると信じた伝統を引き継ぐことが問題であった。ハミルトンにとって、人生とは自力でコントロールして、自信をもって迎えるべきものであると感じている。

経済的に不安定、恐怖に駆られた事例

ルイス氏は二四歳の若者で、口径測定器の計測の仕事をしている。彼は独身で、病身の母親と一緒に住み、彼の稼ぎにすっかり依存している。彼らはニュージャージー州のある町の労働者階級の近隣に自宅があり、電話はなかったが、一九三六年式の自動車を有していた。カトリックであるが、教会に通ってはいない。高校を卒業し、今はファッション・デザイナーになろうと勉強している。

彼が友人宅を訪れたところ、ラジオを聴いていた部屋に招じ入れられて、「この国が侵略されている」と伝えられた。最初はそんな馬鹿なと思ったが、馴染み深い土地で銃声が聞こえ、友人が番組は本当だとすっかり確信していたので、彼もそう受け止めた。ふたりは自動車に乗りこんで、家族

や近所の人に警告しに出かけた。彼はその途中で、アナウンサーが言っていたガスの臭いを嗅ぎ、空に赤いものを見た。なんとか「町を逃げ出す」ことばかり考えていた。彼らがラジオを聴いていたのはほんの短い間だった。友人の自宅では皆が必死になって逃げ出そうとしていた。彼はアナウンサーが米国東部がガスで破壊されたと言っていたことについて考えていた。彼にとっては、これは一時的な破局であった。軍隊が人々を救出するために急派された。自宅に着くと、彼はラジオのスイッチを入れた。アナウンサーが「ガスは過ぎ去った」と言っていた。たまたま新聞のラジオ欄を見たところ、それが単なるラジオ劇であるとわかった。そこで、彼が新聞社に出かけてみると、「他の人々もすっかり騙された」ことを知った。

番組に対する彼の主な反対は、「劇のような内容ではなくて、実際の地名が使われていたこと」だった。放送で「私の住んでいる所から近い場所」だったために、信じこんでしまったという。一緒にいた人々の一般的な「ヒステリー」は彼には影響を及ぼさなかった。「私たちはまさに玄関先でつかまった」と感じた。彼の主な心配は次のようなものだった。「私はもう学校を終えることができない。次に私が思ったのは、家族、破局的な事態に気づかずにじっと座っている母のことだった」

ルイス氏の反応は、番組で伝えられた状況を理解する知的能力に欠けていたことが原因ではなかった。教育水準は高くはなかったものの、彼は知的で、物事を明快に理解することに興味があった。毎日四紙を読み、そのうちニューヨークポストとデイリーワーカーの二紙を隈《くま》なく読む。とくに文学欄と経済欄を熱心に読むと答えている。ネイションズ誌とニューマスィズ誌を定期購読し、よく読む。仕事が忙しいので、本を読む時間が今はない。しかし、「以前はよく読んでいた」と釈明している。好きなラジオ番組は「交響曲とルーズベルト大統領のスピーチ」である。「最悪の事態が起こるのではないか」と思いながら、チェコスロバキア危機に強い関心を持ってきた。この二〇年間でもっとも役立つ発展は「機械」、もっとも危険と彼が考えることは「ファシズム」である。宇宙船や惑星間通信は「将来はわずかに可能性がある」と彼は考えている。「人類が地球上の出来事を支配している」と感じている。火星に生命体が存在することが可能かと質問されると、「いるかもしれない。火星で生存するのは非常に厳しい環境の下でだが、人類とは異なる形態の生命体が存在するかもしれない」と彼は答えた。彼は学者ではないが、頭脳明晰で、物事の筋を自分なりに考えようとしている。明晰な知的能力を示す最善の指標は、ファシズムへの恐怖はあったが、番組をナチスや火星人の侵略とは解釈していなかった点である。これは「一時的な破局」であると考え、個人的な危険や彼自身、友達、近所の人々の生命の終わりをもたらすかもしれないと信じていた。これは彼にとって、「学校を終えることができない」、すなわち、自分の望む種類の仕事に就くことができないという意味であった。これはまた「破局を理解していない母親を座らせる」ことはできたとしても、十分に母親の面倒を見ることができないという意味でもあった。まとめると、番組は彼にとって個人的な生活の失敗を意味した。何か重大な意味を持つ破局というよりは、彼はこれを自身の生活が中断されたととらえたのだ。番組を事実ととらえた理由は、「火星からの侵略」があり得ると考えたからでもなければ、「世界の終わり」が現実味を帯びていると考えたからでもなく、何かひどいことが自分に起こらないという理由は何もないと承知していたからであった。

彼の個人的な人生についての質問に対する答えはすべて、強い不全感を示している。この不全感は経済状況と部分的には関連していて、とくに母親が彼に全面的に依存していることが重要であった。しかし、心の深層では、彼自身や、望む仕事をする能力に関する不全感がある。彼の現在の仕事は、決まりきった作業からなり、安定していないので、嫌々やっているのだが、生活のためにはそれを続けなければならない。彼はファッション・デザイナーになりたいと考えている。現在の仕事が不安定であることに加えて、よいデザイナーになれるのかと自分の能力を疑っている。人生のどの部分が変わってほしいかと質問されると、「別の仕事」と彼は答えた。もっとも手に入れたいものについて質問されると、「老後の安定、安定した仕事、興味の持てる仕事」と答えた。答えはすべて、現状に対する不満と、将来への不安を示している。自分がもっとも誇りにしている三つのことは何かと質問されると、彼は芸術的な才能について言及しなかった。その代わりに、「私が誠実であることと、私は母国を誇りに思っていること」と答えた。換言すると、実際に達成したことを挙げられず、自分が望んでいる達成をもたらす能力もないということである。

ルイス氏に才能があるかないか、潜在的な才能を将来生かすことができるかについてわれわれは何も言うことができない。したがって、彼の不全感の真の基礎を推し量ることは不可能である。しかし、ここでもっとも重要な点は、彼が時に抗《あらが》っているということである。もっとも怖れていることを三つ挙げるようにと質問されると、「よいファッション・デザイナーになれないという怖れと、自分の望むことをするのに十分に長生きできないのではないかという怖れ」を挙げた。生活のために働かなければならず、今までのところ芸術家として何も達成していなかったのだが、残された時間で何ができるのかということを主に心配していた。結局、彼はまだ二四歳で、彼の前には長い人生がある。しかし、番組で伝えられる破局的事態はまさに彼の望みをすべて打ち壊してしまうかもしれないのだ。番組が彼にとっていかにも真実めいていたのは、それが身近な地域を指していて、自分に降りかかると怖れていた不運を示していたからであった。彼は経済的な問題と闘い、精神的な悪魔に対処することができる。しかし、そうするためには生きていかなければならない。

彼は番組を真実であるととらえたのだが、そう信じることがある種の救済感をもたらしたという面もあるだろう。彼は自分の能力に疑いを抱いている。誠実に追求しようと決心した課題を自らに課してきた。しかし、彼の野望は重荷となった。「人生が無意味に見えることがしばしばある」と認めている。この「一時的な破局」は自分自身や他者に対する現在の責任から彼を解放するのかもしれない。

経済的に不安定、恐怖に駆られなかった事例

チャンドラー氏は三六歳で、結婚しているが、子どもはいない。彼は画家であるが、大恐慌以来、ほとんど仕事がなかった。ニューヨーク郊外の貧しい半商業地区のアパートで暮らしている。自動車も電話もない。小学校卒業後、専門学校に籍を置いた。プロテスタントで、教会には時々通っている。

チャンドラー氏はたまたまオーソン・ウェルズの番組を聴いた。その時、妻と妻の妹の家族が一緒だった。彼が放送を聴き始めたのは、「隕石が落下した時」だった。「それを聴いて、私はとても興奮しました。私は昔からこのような出来事に興味がありました。隕石が落ちた場所に、義弟と一緒に行ってみようと思いました。私はさらにラジオに耳を傾けました。しかし、レポーターと教授が一〇分間で一一マイル移動したとレポーターが言ったので、それは不可能だと思いました。ニュー

ス速報の結果、通りは大混雑になるでしょう。だから、彼らがそんなに速く移動できるはずはありません。そこで、新聞を手に取って、それがただのラジオ劇だと気づいたのです。それからはあまりドキドキしませんでしたし、いずれにしてもあんな内容は信じなかったでしょう」

チャンドラー氏は、話題や使われている手法が真実味を帯びていたので、最初はラジオの伝える内容を現実のものと信じた。しかし、一緒に聴いていた人々が恐怖に駆られていたものの、彼はすぐに疑いを持った。彼は新聞のラジオ欄を確かめたり、緊急事態の場合には郵便の飛行機の定期便が飛ばないことに気づくなど、適切な確認を行った。道路が混雑することが予想されるのに、アナウンサーの移動速度が速すぎるといった矛盾に気づいて、彼は疑いを抱いたのだ。

チャンドラー氏は、隕石落下の件は、興味深い物理現象として受け入れた。しかし、この現象にそれ以上の発展があるとは考えなかった。ごく自然な反応として、隕石を見に行こうとした。これはほとんどの人の反応であるだろうから、道路は自動車で混雑するだろうと考えた。彼は自動車がなかったので、少し待って、ラジオからさらに多くの情報を得ようとした。これが彼の予想したことだった。しかし、アナウンサーと教授はほとんど一瞬にして現場に到着した。隕石についてさらに報告があるのではなく、何であるか同定できず、表現もできない何かについての報告が飛びこんできた。アナウンサーがその出来事を表現するための適切な用語を見つけるのを待たずに、チャンドラー氏は新聞に目を通して、この冒険談の事実を突きとめることができた。彼は「このような冒険小説をたくさん読んでいた」ので、それ以後はラジオ劇を楽しんだ。

チャンドラー氏は物事について自分自身の意見を持っている男性で、易々と他者に言いくるめられることはない。自分よりも年長の人と会話をしている場合にどのように振る舞うかと質問されて、相手の主張に屈するのではなく、自分の意見を保つと彼は答えている。チャンドラー氏はさらに、「信じられないもの」「未知のもの」を怖れはしないが、それが物理学的に説明できるかと考える。正式な教育は十分に受けていなかったが、彼は二紙を読み、ラジオのニュースを聴き、ナショナル・ジオグラフィック誌を読んでいる。面接では宗教的解釈は明らかにならなかった。米国民に起きると予想される主要な破局とは、ある種の自然災害であると考えている。一番ほしいものは何かと質問されて、「戦争も大恐慌もなくて、興味ある仕事がほしい」と答え、この三つが手に入れば、他はどうでもよいと付け加えた。

彼自身の勇気、個人の安全に対する感覚、合理的な思考のおかげで、チャンドラー氏はすべての事柄をありのままに受け止めている。もっとも怖れている三つのことについて質問されると、「何もない」と答えた。過去一〇年間のほとんどの期間失業していて、預金もまったくないにもかかわらず、彼はこう言ったのだ。経済的な問題について心配はしていたものの、いずれにしてもそれは彼の責任ではないので、不全感や劣等感を抱くことはなかった。余暇には「芸術作品を描き」、「すばらしい作品」を描いていると考えている。何が変わってほしいかと質問されて、「十分な収入のある仕事に就いて、楽しんで絵を描くことができればよいと思います」と答えた。

ルイス氏とチャンドラー氏は好対照である。両者ともに今行っていること以外の何かをしたいと願い、「興味深い仕事」をしたいと思い、芸術家になることを夢見ていた。しかし、ルイス氏にとっては、芸術家になれないということは経済的な失敗であり、無能力の証明となるのに対して、チャンドラー氏にとっては、芸術は単なる趣味で、それを学ぶ経済力があれば、それを楽しみたいと考えている。

チャンドラーは自分に満足し、心理的にも安定していると感じている。仕事があって、大恐慌も戦争もなければ、社会に満足して、適応できるだろうと考えている。しかし、ルイスは老後の安定と仕事の安定を望み、外部からの衝撃を受けない保証を求めた。ルイスには今仕事があるという点を考えると、この差はますます興味深い。ルイスは心理的に不安定であるので、番組を聴いて、恐怖に駆られ、それはけっして自分が成功することはないという意味だととらえた。チャンドラーは自分自身や自分の置かれた状況を気楽にとらえているので、番組を現実的にとらえていた。

信仰心に篤い、恐怖に駆られた事例

ジェーン・ディーン嬢は、五七歳の未婚の女性である。彼女は自分の所有する家に妹と一緒に暮らしている。彼女の自宅はニュージャージー州のある小さな町にある。彼女にはわずかだが、安定した収入がある。ディーン嬢は小学校しか行っていない。プロテスタントで、教会にはしばしば通っている。

彼女は妹と一緒の時に、たまたまラジオを聴き出したのだが、その時に、「生物が隕石から出てきた」。「もちろん、番組について確認しようなどとはまったくしませんでした。こんなことを耳にしたら、それが真実だとそのまま受け取ります」と彼女は言った。午後八時三〇分に、ラジオから局名が告げられると、彼女はラジオを切り、「すべての終わりだ」と思った。それから、妹とともに座り、祈りを捧げたが、別件で友人が電話をかけてきて、会話の最中に、番組は単なるラジオ劇だと知らされた。彼女は新聞社に電話をしてこれを確認した。この時点で、「私はとても腹が立ちました。私は自分の罪を許して下さるように神に祈り、永遠の煉獄から赦されたいと思っていました。その必要はなかったとしても、私は赦しを求めて嬉しかったのです」と彼女は述べた。

ディーン嬢の事例では、彼女の恐怖を説明するうえで十分な準拠枠があった。「神の力は私たちを圧倒し、『私たちの邪行に対して最後には罰が加えられる』」と信じていた。宗教的信念のために破局が訪れると確信していたために、番組にまったく疑いを抱かなかった。彼女が述べているように、「私たちは遅かれ早かれ罰を受けることを、私は知っていた」というのだ。

彼女が番組を最後まで聴かなかった理由は明らかであり、「私は自分の犯した罪に赦しを請う機会がほしかった。祈りを捧げ、それが自分にとって何か善なるものをもたらしてくれることを願った。心を鎮めて、諦めることができた」というのだ。「死後の命こそが重要であるので」、死ぬことは怖ろしくなかったが、赦しを得てから死にたいと思ったという。この命を救おうとするのが「価値のない」ことだという訳ではない。

ディーン嬢の精神世界はきわめて狭小で、その境界は主に宗教的な教条で決定され、現実世界で生じている外部の出来事は排除された。地方紙でも教会の記事以外はそれほど多くを読まないことを、むしろ誇りにしている。「屑のような記事を読んで時間を浪費」したくないといって、雑誌は読まない。ラジオでは主に讃美歌を聴いている。どのような領域でもよいのでもっとも有用と考える発展は何かと質問されると、「何も本当に役立つものはない」と答えて、発展の概念を全否定する。彼女は科学や他の達成についてまったく無知で、そのようなものが可能であると信じることさえ拒否する。彼女にとって、人間が生きているのは主に罪を犯すためであり、そのために罰せられてしかるべきであると考える。この二〇年間でもっとも危険な出来事は「若者の振る舞い」だという。宗教的背景から、ウェルズの番組でもっとも現実的に思えた部分は「炎が国中を嘗め尽くしたところだった。それはまさに私が心に描いたこの世の終わりだ」という。（ただし、番組では炎が国中を嘗め尽くしたなどと表現された部分は実際にはなかった。）

ディーン嬢はひどく欲求不満な女性で、喜びの見出せない人生で唯一の救いが宗教であったために、妄信的になったと推定できるだろう。彼女は欲求不満を美徳に変えたのだ。過去のどのような経験が彼女の状態をもたらしたのか、われわれは知らない。彼女は「人生の葛藤」と言ったが、それ以上、詳しく語るのを拒んだ。

彼女にとって、精一杯の人生を生きることは罪である。もっとも誇りにしていることは何かと質問されると、「あなたは転落の前に高慢がやってくるということを知らないのですか？」と答えた。唯一望ましいのは「これからの五〇年間戦争がないこと」であると述べ、人格の発展や豊かな社交生活などをもたらすすべてのことについては触れなかった。

このように、ディーン嬢にとって、世界の終わりは、いかにも起こりそうなことというばかりではなく、彼女が起きてほしいともっとも望んでいたことなのかもしれない。この出来事は彼女の確信を正当化し、彼女が送ってきたような人生に意味を与えてくれる。彼女とその妹はすっかり諦めて、世界の終わりに備えたのに対して、気儘に罪を犯してきた他の人々は恐ろしい報いに直面しなければならなかったのだ。

信仰心に篤い、恐怖に駆られなかった事例

ウォルターズ夫人は五五歳で、成人した子どもが二人いる。夫はエンジニアである。高等学校を卒業していて、監督教会派のキリスト教徒で、よく教会に通っている。ニューヨーク郊外の快適な環境で暮らしている。

番組は彼女にとってあまりにもあり得ない話で、「バック・ロジャーズを大袈裟にしたように」響いたという。しばらくは単なるラジオ劇以外の何物でもないと思った。あまりにもひどかったので、彼女はその番組がとくに好きではなかったが、ちょうどその時に訪ねていた結婚している息子がチャーリー・マッカーシーの番組を聴こうとして、たまたまウェルズの番組にダイヤルが合ってしまい、彼女はその番組を聴いたのだ。彼女は番組をきわめて客観的に聴いていた。番組で述べられていた出来事は、彼女にとってタブロイド紙以上の意味はほとんどなかった。番組の最後まで彼女はこの準拠枠を持ち続けたようだ。

どうしてそれが架空の話であると気づいたのか質問されると、「私はとくに科学が得意であるというわけではありません。火星について私が知っているのは、漫画で読んだことがすべてです。火星に何かが住んでいるかもしれませんが、私にはそんなことは気になりません。そんな生物が地球まで来ることなど絶対できないでしょう。少なくとも私が生きているうちや、子どもたちが生きているうちには、来ることができません」と答えた。ウォルターズ夫人が知っていて、気にしていることのすべては、火星に生物がいるかもしれないということだった。火星の生物はバック・ロジャー

ズとほぼ同様の奇妙さで、どちらもそう変わりはなかったようだ。彼女の唯一の関心は、そのような生物が地球に来ることはできないし、物理的に存在しないという確信であった。

前述のように語った後に、「私が生きているうちや、子どもたちが生きているうちには、来ることができません」と付け加えた点が重要である。彼女は人類の進歩について認識していないし、敵意も抱いていない。人類がいつの日か宇宙船を開発する「可能性はわずかにある」と考えていた。ラジオはこの二〇年間でもっとも有益な進歩であり、「爆弾や戦争で使われる物」がもっとも怖ろしいと考えていた。

自分がほとんど知らない機械の存在についても認識していて、現在存在しないような機械がそのうち開発されるかもしれないと考えている。しかし、そのような可能性について判断を控え、そういったことは科学者や将来の世代の人々が考えることだとしている。彼女自身の生活は、今、自分にとって関心のある出来事で満たされている。「自分の子どもたちが病気になるかもしれない」ということが彼女の主な心配である。主婦の友誌と地方紙を隅から隅まで読む。教会の仕事、家事、編み物、トランプにとても興味がある。「家族と教会の仕事」をとても誇りにしている。この限られた生活の輪の中で、夫人はとても能率的で、安心感を得ている。教会活動を主体的に取り仕切っていた。

侵略者が、この典型的な米国の主婦の世界に入り込む余地はない。侵略者などという物は、「彼女の想像力を超えていて」、「迷信的な人が勝手に心配していればよかった」のだ。彼女には「世界の終わり」といった考えは何の意味もなかった。神が地上の出来事を支配していると信じてはいるが、世界の終わりとは自分が死ぬ時に訪れると信じている。それ以外に終わりなどはないと考えている。

ディーン嬢とウォルターズ夫人の事例を見ると、「信仰心の篤い人」に二種あることに気づく。どちらも教会にしばしば通い、教会の仕事は重要で、人間の生命は神によって支配されていると考えている。しかし、ウェルズの番組に対する両者の反応は好対照であった。

両者にとって宗教は明らかに異なる種類のものであり、まったく別の機能を果たしていた。ディーン嬢にとっては、この世は、死後に始まる真の生命の前段階であり、ウォルターズ夫人にとっては、死後の生などをあまり心配せずに、今の生を完全に生きることが重要である。ディーン嬢にとっては、神は地球上の人間の罪を罰するために存在し、ウォルターズ夫人にとっては、神は人間の生活を支配しているものの、特定の個人にとくに関心を払ってはいないと考えていた。ディーン嬢にとっては、神はありありと存在し、その存在を中心に彼女の生活が動いているのだが、ウォルターズ夫人にとっては、神は非個人的な概念で、それが当然と受け止めている。このような対照的な信念のために、ふたりの女性の反応には逆説的と思われる様相を呈した。ディーン嬢は、火星には生物がいるとは思わないが、世界の終わりが近づいていると確信し、ウォルターズ夫人は、火星に生物がいるかもしれないが、それを恐れることはない。ディーン嬢は破壊を待ち望んでいたために、火星人の侵略という考えはアナウンサーの「間違い」であり、本当に起きていることは、神が火を用いて罰を与えていると考えていた。

この二人の女性が異なる反応を示したことを、宗教的信念の差のためであるとみなすのは誤りだろう。彼女らの信仰心は、環境に対する異なる適応を示す指標であり、きわめて明快な指標ととらえるべきである。ディーン嬢には自分自身の家族がなく、知的興味も社会的関心もなく、欲求不満である。安定した収入があり、生計を立てるために社会とかかわりを持つ必要がなかったので、ますます孤立を深めているように思われる。世界の中での役割がなく、進んで世界から距離を置いている。対照的に、ウォルターズ夫人は、周囲の人々や出来事との間に確かな絆がある。彼女にとっては、自分自身の生活圏で起きることしか真実ではない。ディーン嬢の宗教的準拠枠は侵略にまで拡大していき、ウォルターズ夫人の宗教は、聖書というよりは、実生活やタブロイド紙に関連していて、ウェルズの番組に対しても批判力を保つことができた。

9 不安が現実となった

Jitters Have Come to Roost

なぜパニックが生じたのか?

火星人の侵略について調査しているわれわれの課題は本質的には、パニック行動の原因となる要因を発見することであった。ウェルズの番組が真のニュース報道であるという確信を生み、それを保持するような聴取者あるいは聴取状況における、いかなる心理的条件も「原因」と解釈してきた。パニックという行動に対してわれわれが示した特定の種類の説明が最善の意味で「心理学的」であるという点について、すべての社会科学者、あるいはすべての心理学者が同意見ではないだろう。厳格な行動科学者は説明の中に条件づけが含まれていないと指摘するだろう。精神分析家はわれわれの説明には深層心理についての言及がないと批判するだろう。われわれがこの研究について正当化しようとするならば、社会生活のきわめて現実的な現象の中で、われわれが対処してきた複雑で多様な経験を概念化するために、われわれの提示してきた特定の関連が重要な力を発揮すると主張することくらいしか言えない。われわれが活用してきた領域よりもはるかに広い、社会心理学の同様の問題に対しても、この説明的な関係を応用できるとも、主張できるだろう。われわれの最終目的は理解することである。同様の出来事に関してさらに研究して、われわれの示した理解がもっとも信用できる予測をもたらすかを確かめる必要がある。

最後の課題は、これまでに用いてきたさまざまな説明を統合することである。この特定の番組によって生じたパニックに関連するさまざまな影響や状況を検討してきた。批判力の欠如がとくに人口の多くの部分に恐怖を拡大させていったように思われるが、この反応に関連するたったひとつの観察可能な変数はなかった。パーソナリティ特性のために、誤解や恐怖にとくに感受性が高まった人もいた。すぐ近くにいた他者の影響で、不適切な反応を呈した聴取者もいた。これらの影響などによって明らかにされた心理的パターーンは、個々の、孤立した事例を理解しようとするのではなく、状況を全体的に把握することによってこそ理解すべきである。

なぜ暗示が信じられたか、あるいは信じられなかったのか?

もっとも理解できず、したがってとくに心理学的に興味深い点は、どうしてこれほどまでに多くの人々が、何かを行って、スピーカーから流れてくる情報を確認しようとしなかったのかということである。これができなかったのは、持続的な恐怖のためであった。原因が正当なものであろうとなかろうと、どのようなパニックを理解するためにも、適切な確認をすることを妨げるいかなる心理過程が個人に生じたのかを正確に見きわめる必要がある。

少なくともこの場合、番組のために恐怖に駆られた人には被暗示性が高まっていた。すなわち、番組が単なるラジオ劇であるということを十分に確認せずに、聴いたことをそのまま信じてしまった。恐怖を感じなかったり、ほんの一瞬だけ番組を信じたりした人は、被暗示性が高まってはいなかった。彼らは心理学者がかつて「批判力」と呼んでいたものを示すことができたのだ。そこで、問題は、なぜある特定の人々に被暗示性が高まり、換言すると、批判力を欠いていたのかを決定することである。

われわれが被暗示性として理解している特定の状態を個人に生じる、基本的に四種の心理学的状態がある。これらはすべて判断基準(standard of judgment)の概念によって表すことができるだろう。

第一に、個人は、ある刺激を解釈に関連すると考えられる判断基準に当てはめようとする。このような場合に刺激が侵入していく精神的背景は完全に一致し、矛盾のないものとして受け入れられる。ほぼ自動的に刺激に意味を付与できる判断基準を有している人は、それを受け入れるのに何の矛盾も感じずに、その基準ゆえに、そのような出来事の可能性を「期待」するようになる。このようにして、反動的な人は政治的にリベラルな人の野望についてほとんどいかなる噂も信じ、共産主義者はソビエト連邦の進歩に関するほとんどすべての話を信じ、頑なに打ち立てられた判断基準と相反する思想や出来事は拒絶されたり、見逃されたりするだろう。

番組を確認しようとさえしなかった多くの人々には既存の精神的枠組みがあり、そのために、刺激が彼らにとって理解しやすくなり、ただちにそれを真実として受け止めた。神の意志と、神が人間の運命を支配していることを信じているきわめて信仰心の篤い人は、あらかじめ特定の判断基準が備わっていたために、地球への侵入や人類の破壊は単に「神の行為」とみなしてしまった。これがとくに真実であるのは、終末論的な思考のために、宗教的な準拠枠が、世界の終わりに関する究極的な態度や確信を個人に与えている場合である。最近の戦争についての恐怖によって影響を受けていて、日本人、ヒトラー、火星人のどれによるものであっても、外的な勢力による攻撃が迫っていて、侵略があるかもしれないと考えている人もいた。このような科学の可能性についての空想的な考えが募っていき、奇妙な超科学者の力が、おそらく単に実験目的で、自分たちに向けられているると容易に信じる人もいた。

出来事を容易に受け入れてしまう基礎となる判断基準がどのような原因で生じるにしても、ただちに刺激を受け入れてしまうような背景が多くの人々にすでにあったのではないかという事実が残る。他の既存の判断基準のどれも、不信を脅かすのに十分に関連してはいなかった。これがとくに当てはまった人々というのは、情報や訓練を得る機会や能力に欠けていて、番組が単なるラジオ劇であるとの解釈があり得るという判断基準を十分に得られていなかったことを、われわれは発見した。より高い教育を受けている人は、ある出来事を自分がよく知っている判断基準に関連させて、適切な関連づけができたことをわれわれは発見した。このような場合には、知識自体が判断基準として用いられて、番組で得られた情報の価値を減ずることができた。したがって、このような聴取者は、関連する判断基準に準拠する能力があり、それを用いて確認を試みたり、さらに今後の方向性を探ったりする必要がなかった。

被暗示性が高まる第二の条件とは、個人がある刺激に対して行った解釈について確信が持てないか、自分の解釈に対して信頼できる確認をするための十分な判断基準がないかである。このような状況では、個人は自分の情報を確認しようと試みるものの、次の三つの理由のいずれかのために失敗してしまう。(a) その人物は、自分が確認しようとしている状況によって影響を受けているかもしれない不確かなデータによって、元の情報を検討しているかもしれない。確認が不成功に終わった人は、友達や近所の人々から得た情報で確認しようとしていることを、われわれは明らかにした。このような人々自身が疑いやためらいを持っていることが多いために、ただ最初の疑念を確認するだけになるだろう。(b) ある人物は自分が確認している元の仮説に沿って情報を確認していることを合理化するかもしれず、単に一時的に受け入れることができるだけであると考えるかもしれない。多くの聴取者は慌てて心理的・行動的確認を行ったが、すでに受け入れられてしまった誤った判断基準の影響があまりにも広範囲であるために、彼らの行った確認はすでに証明されたと合理化されていた。たとえば、ある女性はアナウンサーの黒焦げの遺体があまりにも早く発見されたことについて、「アナウンサーがひどく興奮していたために、間違った」と思ったという。ある男性はその信じがたい速さに気づいたが、「彼らは報告をリレーしていたか何かだと」思ったという。他の局に替えたが、意図的に人々を鎮めようとしていると考えた人もいた。ある女性は窓の外を眺めて、緑色めいた不気味な明りを見て、火星人からのものであると考えた。(c)自分の行った確認のほとんどすべてを信じる人とは対照的に、必死になって自分の情報を確かめようとするのだが、十分に根拠のある判断基準がないために、新たな情報源が確かなものか否かを決められない人がいる。

被暗示性についての第三の、そしておそらくもっとも一般的な状態とは、自分が解釈しなければならない、あるいは解釈したいと思う刺激に直面し、既存の判断基準がまったくこの課題に対して適切ではない場合である。このような場合には、個人の精神的背景は混乱し、刺激は個人の既存の範疇のどれにも当てはまらず、自分を満足させる基準を探し求める。精神的背景が混乱すればするほど、発見できる意味は少なくなり、自己と刺激の間の関係を理解する可能性は低くなり、不安も強まるだろう。そして、解釈しようという欲求が強烈になるほど、与えられた最初の解釈を受け入れようとする可能性が高まる。火星からの侵略を聴いていた人に混沌とした精神世界を創りあげるような多くの条件が存在し、それには放送されていた奇妙な出来事を評価するための、安定した判断基準が存在しなかった。情報や正規の教育が欠如していたために、多くの人々には、この奇妙な状況に対して応用可能な一般的な判断基準がなかった。しかし、たとえわずかばかりでもそのような基準を持っていたとしても、それが漠然とした脆弱な判断基準であったというのは、それが過去における他の現象を解釈するのに十分ではなかったからである。これがとくに顕著であった人々というのは、当時の状況にもっとも悪影響を受けた人々である。

長期化する不況と、その結果として多くの聴取者が抱いていた不安感が、困惑のもうひとつの原因であった。大恐慌はすでに一〇年近く続いていた。多くの人々が今も失業中であった。なぜ誰かがこのことに対して何か手を打たなかったのだろうか？　なぜ専門家は解決策を見出せなかったのだろうか？　そもそも大恐慌の原因は何だったのだろうか？　ここでも、何が起きたのか、誰にもわからない。ここでも、不可思議な侵略が一〇年に及ぶ不可思議な出来事のパターンと符合した。複雑で、比較的安定した経済的・政治的準拠枠がなかったために、多くの人々は心理的不均衡状態に陥り、この特定の出来事に対する判断基準を必死に求めることになった。これは自分の力の及ぶ範囲や理解の範囲をはるかに超えた外界に起きたもうひとつの現象であった。ある程度の経済的安定や社会的地位はあるものの、それが「このような混乱の中で」どの程度の期間持ちこたえられるのかと不安に感じている人もいた。彼らも、少なくともこの新たな出来事に意味を与えてくれるような、安定した解釈を探し求めていた。戦争の恐怖のために、完全な狼狽状態に置かれた多くの人々がいた。彼らは一体問題が何であり、米国が直面している課題が何であるか理解していなかった。この危機に関連する複雑なイデオロギー、階級、そして国家間の対立について完全に理解できてはいなかった。状況はひどく深刻であり、絶望的なほど混乱していた。これから何が起きるか、誰も予測できなかった。それに加えて、火星人の侵略がラジオを通して報じられたのだ。それはより個人的な危険であり、けっして謎めいたものではなかった。その意味や重要性を判断する既存の基準はなかった。しかし、ただちに判断する必要性があり、それはアナウンサー、科学者、権威のある人々によって与えられた。

しかし、教育水準の高い人には、自らが信じることのできる、より一般的な判断基準があったことを、われわれは発見した。その結果、彼らの多くは、円柱状の物体から怪物が這い出して来るやいなや、放送が単なるラジオ劇であることに「気づいた」。彼らがつねに信を置いていた既存の世界に関する知識に基づいて判断すると、それはあまりにも非現実的であったのだ。当時の状況では、アナウンサーや兵士の移動する速度があまりにも速すぎることに「気づいた」者もいた。さまざまな信頼できる判断基準をもとに可能性を確認しようとする態度が強くなればなるほど、その人の被暗示性は低くなる。より一般的な状況であれば批判力があると思われるのに、特定の聴取状況に圧倒されてしまって、良好な判断力が失われてしまった人がいたことも、われわれは発見した。これが示しているのは、通常に適用される内的構造や判断基準が機能するのが妨げられるような個人的な意味合いのために、外的刺激がもたらす極度の一貫した構造が非常に強烈に経験されるということである。感情的な不安定さや不安のために、個人に危険が迫るような状況に直面すると、被暗示性が高まり、このような状況で通常の批判力を発揮できなくなる人もいた。このような場合には、結果としての行動は、もともと判断基準がまったくなくて、行動の背景の心理過程が異なる人と同様である。

被暗示性が昂じる第四の条件とは、どのような行動をとるべきかという判断基準が欠けているだけではなく、最初に示された以外にもどのような解釈も可能であるという認識が欠けているために生じる。自分が聴いたり、読んだりしたものを、他の情報と比較して考えずに、それが事実であるとただちに受け入れてしまう。おそらく、批判力を示すもっとも明快な指標とは、個人が最初に受けた解釈を進んで再評価し、新たな判断基準を求め、それを互いに比較するという態度である。被暗示性の明確な指標のひとつは、事象は表面的にそのように見えることとはきわめて異なる可能性があるということをまったく認識していないということである。被暗示性に関するこの最後の心理的条件は、基本的には、すでに述べた第三の条件の極端な例である。しかし、重要な差、この場合には選択と探索からは、判断基準はけっして生じてこない。

心理学的には、ほとんどの人が番組を聴いて、その解釈を実証できなかったのには、次のような理由がある。（1）彼らには出来事をある程度説明する判断基準があり、それが潜在的な期待に一致していた。（2）彼らは信用できる確認源と信用できない確認源を識別するのに適切な判断基準がなかった。（3）彼らには判断基準がなかったため、何らかの判断基準が必要であると感じ、それでもって伝えられたことを解釈し、その出来事を「観察している人々」や評判の高いラジオから伝えられる解釈を受け入れようとしていた。（4）彼らには判断基準がまったくなくて、仕方なしに他者から与えられた判断基準を受け入れていた。

なぜそのような極端な行動に及んだのか？

番組が真実だと信じている人がいたとしても、なぜ彼らはそれほど興奮したのだろうか？　なぜ彼らは祈り、親戚の人々に電話をかけ、猛スピードで自動車を運転し、泣き喚き、子どもを起こして、逃げたのだろうか？　彼らが呈した可能性のあるすべての反応のタイプの中で、どうして特定のパターンが生じたのだろうか？　当然予想される答えは、非常に深刻な出来事だったというものである。他のすべてのパニックと同様に、それぞれの人がその福祉、安全、生命が危険に曝されていると信じていた。状況は個人にとって現実の脅威だった。ある人物にとって何が個人的な脅威となったかを簡潔に検証しておく必要がある。

状況が自分にとって脅威であると信じるようになると、それは身体的な自己への脅威となるだけでなく、自分の一部とみなしているような事物や人々すべてへの脅威となる。ある個人の自我は、本質的には、その人が受け入れている多くの社会的かつ個人的価値からなる。[*52] これまでの投資が脅かされたり、子どもや両親が侮辱されたりすると、脅威に感じ、母校が地区のフットボール大会で優勝すると、気分が高揚する。個人がこれまでに受け入れてきた特定のパターンの価値が、特定の自我を形成する。これが拡大されていって、大きな理想や野望がその中に含まれるようになる人もいる。そのような人が、遠くの国で特定の人種が迫害されていると、ひどく困惑するのは、迫害が人間の正義という彼らの理想や民主主義に反するからである。そして、彼らは他者が彼らの考えや、彼らが完成した絵画を賞賛すると、ひどく喜ぶことだろう。

異なる価値は、さまざまな態度の確信や意義を有する人に受け入れられる。ある二人の人がそれぞれ民主主義を重視しているとしても、そのうちの一人は民主主義のために進んで命を投げ出すかもしれないが、もう一人はせいぜいある特定の方向で投票するだけであり、もしも他の価値が自我にとって重要性を増すのであれば、元の価値を捨てるかもしれない。個人の自我を形作っている特定の価値のパターンは、その人物が経験してきた特定の基準や、その気質やこれまでの経験から選んできた基準から影響を及ぼされるだろう。ある文化に生きている人は、多かれ少なかれ、同様の価値を受け入れるものである。

自我の一部となっているこれらの価値は、ある種の基本的な欲求とも一緒になって、個人の動機づけの源とみなされるかもしれない。このような価値は、セックス、食物、住居の欲求といった力動的な性質を持った欲求と相応している。[*53] 個人は獲得した価値を必死になって保持したり、達成しようとしたりする。もう少し広く言うと、重視すべきであると学習した地位を獲得し、維持し、自己を表現しようとしたりしているのだ。

当然のことながら、すべての価値の中でもっとも普遍的なものは、生命そのものである。それとほとんど同程度に普遍的であるのは、近親者の生命の価値である。理想のために生命を犠牲にする価値を重視する文化ももちろんあるのだが、すべての文化でこの価値が鼓舞されるのは国家が危機に瀕《ひん》している時である。しかし、全般的に、ほとんどの人は人生の経験や自分の文化的背景を通して、生命を重視するようになる。

多くの人に尊重され、受け入れられている価値が危機に瀕していて、その脅威が取り除かれる予想が立たない時に、パニックが生じる。人々は身体的、経済的、社会的に破滅させられると感じる。火星人の侵略は、生命に対する直接的な脅威であり、愛する他の人々の生命や尊重してきた他のすべての価値に対する脅威であった。火星人は実質的にすべてを破壊しようとした。その状況は当時、本当に深刻な事態であった。どのような方向の行動も可能ではないように思えて、欲求不満が生じた。諦観するか、完全な殺戮にすべての価値を委ねてしまうかの選択を迫られるか、危険な地域から必死で脱出を試みたり、来るべき敵を打ち負かしたりすることはまずできないだろうと漠然と考

*52——M. Sherif: Psychology of Social Norms. 第九章．New York: Harpers, 1936 参照。
*53——G. W. Allport: Personality. 第七章．New York: Holt, 1937 参照。

えているので、有力で、強力な人々に必死になって縋《すが》ろうとする。

もしも破壊が避けられないと考えるならば、可能な行動の幅は狭くなり、泣き喚くか、神に救いを求めるか、愛する人々と一緒に死んでいくしかない。もしも逃走を試みるのであれば、友達の家に急いで行くか、自動車や列車に飛び乗るか、ガスや爆弾に耐える強固な壕《ほり》に隠れることができるだろう。何か、あるいは誰かが敵を撃退できると信じるのであれば、神に訴えたり、過去に守ってくれた人に保護を求めたりすることもできるだろう。客観的に、これらのさまざまな行動のどれも、現在の問題に対する直接的な解決ではなく、危機の原因を除去することは何もできなかった。パニックにおける行動は方向性がないという特徴があり、現状の視点からは、有効に機能してはいなかった。

愛する人の近くにいたいというのもごく普通の願望であった。すでに指摘したように、この行動は近親者がほとんどの人にとって自我の一部となっているためである。愛する人を助けたい、あるいは、愛する人から助けられたいと考える。どちらの場合でも、心理的には、自分のために何かをして、情緒的な安心感を得ようとする。そして、自分にとってもっとも重要と考えている価値が失われるようなことがあると、自分の一部である価値とともに自己の多くが失われることになるので、もはやこれ以上生きている意味がないと感じてしまう。母国が破壊されるくらいならば、愛国者は死ぬだろうし、自己の理想から引き離されるくらいならば、殉教者は進んで火刑になるだろうし、新たな社会秩序を手に入れるという夢を失うくらいならば、革命家はいかなる苦悩にも耐えるだろう。

まとめると、ウェルズの番組によって引き起こされた極端な行動の原因は、その状況が創り出したと感じられた自我の関与が大きかったことと、侵略の結果を和らげたり、支配したりまったくできないということであった。火星人の侵略は、もしも他の何かを犠牲にしたとしても、個人が大切にしている価値を維持することができないような状況をもたらした。それは、自分の生命を犠牲にして母国を救ったり、自己犠牲によって新たな宗教の誕生を助けたり、強盗に抵抗して家宝を守ったりするといった問題ではなかった。この状況では、個人は自己のすべての価値をたちどころにして失う危険に曝された。そのいかなる部分も救うことができなかった。パニックは避けられなかった。ウェルズの番組を解釈するのに誤った判断基準が使われたこと自体がパニックの動機の原因ではなかったものの、起こされた行動の原因とみなされるような欲求と価値が生じることは完全に必要だった。番組によって生じた誤った判断基準と、それによって人々が困惑したことは、自我がその一部であった価値にその原因があった。

ウェルズの番組が終了し、事実に気づくと、多くの人々は自分が経験した恐怖の刺激に比較的関連した反応を示したいと思ったことを、客観的証拠が明らかにしている。彼らは「幕引き」を望んだのだ。非常に多くのファンレターや電話が届いたのだが、これは、彼らが経験した緊張を和らげる欲求を満たそうとしたものである。ある聴取者は局宛の手紙に次のように書いた。「私ははじめてファンレターを書きました。この事件について何かをしなければならないと感じたからです。そこで、私は腰かけて、この手紙をすぐに書きました」。友達や親戚の人々とこの出来事について繰り返し語った人もいた。新聞記事にも明らかなように、この経験についての関心は何日間も続いた。

社会的意義

われわれが分析してきたこの特別な事件は、心理学者ばかりでなく、多くの人々にとって興味深いものであった。この事件の根は文化ともパーソナリティとも深く関連しているし、その結果は明らかに文化的不適応を反映しているので、少なくとも、パニックの社会的意義について考えなければ、われわれの分析は不完全なものになってしまうだろう。パニックは社会体制内の特定の病であるが、それから素早く立ち直った。この種の事例についての一般的な報告とともに、このようなパニックはどのようにして予防できるかという助言を添えて、われわれが下してきた診断を終えなければならない。学者であるとともに一般市民でもある、教育者や社会科学者は「だから何なのだ？」と問うだろう。

この事件を気楽に眺めていた人は、単に知的ではない人々だけが放送をこのようにとらえたのであって、他の人々が混乱する確率は低いと信じた社会学者の意見に同意するかもしれない。しかし、パニック好発状態とわれわれが呼ぶ状況でたまたま放送を聴いていたのであれば、非常に多くの人がパニックに陥いる可能性が高いことを、われわれのデータが示していると思われる。非常に多くの比較的貧しくて、教育程度の低い人がこの番組をたまたま聴いたと考える理由はまったくないだろう。パニックによって引き起こされる不安や恐怖は一般人口の中に広く潜在的に存在すると考える正当な理由があり、これは単にパニックを起こした人だけに限られたものではない。

一九三八年一一月二日のコラムで、故ヘイウッド・ブラウン（Heywood Broun）が次のように述べている。「私はこのようなことが四〜五カ月前ならば起きたとは思えない。世界史の流れがこの国の心理に影響を及ぼした。不安が現実となったのだ。ミュンヘン会談[*54]によってもたらされた平和は、実は雷雲のように、われわれの頭上を覆っているという事実を、この実験を通じて経験したのだ」[*55]。パニックが生じるうえで昨夏と一九三八年初秋の戦争の恐怖が果たした役割を、われわれのデータが示している。しかし、多くの人々にとって、戦争の恐怖が実際に何らかの役割を果たしていたとしても、それはただ副次的な役割でしかなかったことも、われわれのデータは示している。最近ヨーロッパで起きた出来事や米国で放送された番組がパニックの主原因だと示唆するのは、われわれがこれまで重要であるとしてきた他の多くの要因を無視してしまうことになるだろう。「世界史の流れ」がわれわれに影響を及ぼしているのは自明である。しかし、この世界史の流れには戦争の危機以上のものが含まれる。最近起きた出来事は記憶に新しいので、あえてここで挙げることもないだろう。おそらく他の何よりも重要なものとしては、過去一〇年間に米国人が経験したきわめて混乱した経済状態、その結果としての失業、長期化する収入格差、老若男女を問わず将来

＊54――訳者注：ミュンヘン会談とは、一九三八年九月二九日から三〇日にかけて、チェコスロバキアのズデーテン地方帰属問題を解決するためにドイツのミュンヘンにおいて開催された国際会議である。イギリス、フランス、イタリア、ドイツの首脳が出席した。ドイツ系住民が多数を占めていたズデーテンのドイツ帰属を主張したアドルフ・ヒトラー総統に対して、イギリスおよびフランス政府は、これ以上の領土要求を行わないとの約束をヒトラーと交わす代償として、その要求を全面的に認めた。このミュンヘン協定は、後年になり第二次世界大戦勃発前の宥和政策の典型として、強く批判された。

＊55――New York World-Telegram, 一九三八年一一月二日。

設計ができないことなどが、広範囲に及ぶ不安感を掻き立ててきた。不安定な低収入がもたらす数多くの個人的な結果があるが、経済的な問題を抱えた人は十分な教育を受ける機会も得られない。

混乱が長期化し、適応の基礎となる教育が受けられないことと相まって、まさに欲求不満や不安が広がる状態となっている。遅かれ早かれ、人々は満足がいかず、自分では理解できない状況に対して反乱を起こすことになるだろう。彼らには不適応を引き起こしている複雑で矛盾する基礎を理解するだけの機会も教育もない。しかし、彼らはそれを理解することを望み、その望みが強くなるとともに、困惑も増していく。彼らは、煽動家が示す単純な解決策を鵜呑みにしがちである。混乱した民衆に直接的な救済をもたらすことが重要であることは、ヒトラーの全戦術が示している。民衆がすでに十分に困惑しているのであれば、十分な宣伝によってさらなる困惑を創り出すことができる。戦争や独裁を引き起こす基本的な経済的問題やイデオロギーの葛藤が取り除かれなければ、民衆が戦争や独裁の宣伝にまったく影響を受けないという可能性はほとんどない。それと同様に、パニックの基本的な原因が取り除かれなければ、民衆がパニックを引き起こす状況から隔離されることを期待できるという理由はほとんどないと思われる。実際に戦争やパニックを引き起こすのは、ラジオでも、映画でも、出版や「宣伝」でもない。戦争、パニック、いかなる種類の大衆運動を創り出すのは、経済、社会、政治の実践と信念の全体と、人々の基本的欲求の間の齟齬《そご》であるのだ。そして、無知、不寛容、極度の自制などが計画的かつ強制的に醸成されると、人間の欲求が抑制できる。このような実践はすべて民主主義の忌避へとつながる。

しかし、人々の批判力が増していかない限り、パニックを引き起こす潜在的な不安はけっして軽減しないだろう。南部で白人女性が黒人からレイプされる可能性は今もあるのだが、リンチにつながりかねない欲求不満に対する教育を増やしていくことによって、大衆が反社会的行動に及んだりせずに、事件を一層慎重に捜査するように働きかけていくことができるだろう。したがって、客観的状態を変化させるには時間がかかるかもしれないが、われわれのこれらの状態に対する主観的反応は教育によって比較的速やかに変化させることができるかもしれないという事実には光明がある。そして、教育がパニック行動の最大の予防策のひとつであると、われわれは発見した。批判力を高めることによって、現実と非現実を識別できるようになるだけでなく、真に危機的な状況に置かれたとしても、より適切な適応も可能になる。衛生知識と医学の基本によって、病気を予防できるばかりか、実際に病気になってしまった人が健康を回復することにも手助けできる。

現代の一般の人々を対象としたわれわれの研究で明らかになったのは、自分が耳にした解釈について進んで疑問を感じるような態度を取るように教育することができれば、危機的な状況においても適切な方向に向けた行動をとる能力が増すということである。しかし、この健康的な懐疑主義を身につけるには、さまざまな解釈を評価することができるような、十分な関連の知識を備えておく必要がある。もしもこれらの解釈を判定しようとするならば、その知識が客観的証拠や検証した経験の基礎になければならない。この健康な懐疑主義と知識が一般の人々の間により一層広まるためには、教育の機会を広範囲に与える必要がある。そして、一般の人々がこの究極の批判力を広く用いるようになれば、恵まれない環境から生じる感情の不安定さに影響を受ける可能性はより低くなるはずである。

付録

付録A　その他の情報

恐怖が自動車の運転に及ぼした影響　社会科学者による予測

調査の過程で、ここに記録しておく必要のある知見が明らかになった。このデータはわれわれの研究と直接関係はないものの、それが示す情報が完全に失われてしまうのは残念である。

恐怖が自動車の運転に及ぼした影響

九人の被面接者は自動車を運転していた時に、ウェルズの番組を聴いた。そのうちの三人は極度の恐怖感を覚えた。彼らの意識は恐怖にすっかりとらえられてしまい、運転中には外部の世界についてすっかり記憶を失ってしまっていたほどであったと、以下に挙げる引用が示している。心理学的には、これらの事例が類似していたのは、戦闘中の兵士が痛みを感じないとしばしば報告されているような例や、危機的な状況で尋常ではない力や速さを示す人の例である。

「私はとても妙な反応を呈していました。きっかり一時間で四〇マイルも走りましたが、それより以前も、それから後もそんなことはできませんでした。ところが、ようやく自宅にたどり着いて、時計を見て、**ようやく私がいつもよりもそんなに速く運転してきたということに気づいた**のがとても不思議でした」

「**ガールフレンドから私が赤信号を何度も無視したと指摘されました**が、『交通違反の切符を切られたからといって、それがどうした？　そんな切符も火星人の火で燃えてしまう』と私は答えました」

「私は三五分間で四五マイル運転したのですが、**どこを通っているのかまったくそれに気づきませんでした**。ニューバーグを通って来たのですが、**まったく気づきませんでした**。よくも私たちは事故死しなかったものです。私は時速八〇マイルで運転していました。どのようにして死んだとしても、何も気にならないし、どうでもよいと思っていたことを覚えています。すべてが終わった、その後の月曜日に、その晩の運転を考えると、実際に運転していた時よりも不安が強くなりました。時速七〇マイル以下ではけっしてなかったのです。私は必死になって猛スピードで運転することを考えていました」

同様の反応が著者への手紙でも報告されていた。

「私はとても怖ろしくなって、自動車に乗りこみ、神父のところに向かい、死ぬ前に神と和解したいと思いました。すると、私は次第にこれが単なる架空の話ではないかと考え始めたのですが、特別ニュース番組だと冒頭で断っていたので、私の考えを打ち消しました。目的地に向かう途中で、カーブが現れ、時速七五～八五マイルで運転していて、行き着くことはできないかもしれないと思いましたが、**それほどそのことは気にならなかったのを覚えています**。いずれにしても死が避けられないのであれば、どのような形で死のうが、大した差はなかったのです。自動車が二度ひっくり返って、逆さまになって止まり、私は車外に這い出しました。私は、それが自分の自動車ではないし、すっかり壊れてしまったので、持ち主はもうそれを使うことができないだろうけれど、そんなことはどうでもよいと考えていました」

社会科学者の予測

ウェルズの番組に非常に驚いた人の特性について尋ねる質問紙を配布したところ、二五〇名以上の社会心理学者と社会学者が回答に応じてくれた。ある因子がすべての人々にとって同様の重要性があると仮定しているので、多くの意味で、この種の質問紙は公正ではない。それにもかかわらず、社会科学者の推測は興味深いものである。彼らは、高齢で、教育水準が低く、女性で、大都市に生活する人が強い恐怖感を抱く傾向があると考えた。恐怖に駆られた人のどのようなパーソナリティ特性や能力にどのような差があると思うかと質問したところ、神経質、不安定さ、被暗示性を強調した。ウェルズの番組が真実だと信じた人に前もって認められる七種の理由の一つひとつについて重要性の程度を指摘するように依頼した。この予測の結果と理由を次の図に示しておく。答えは「非常に重要」が2、「重要」が1、「まったく重要ではない」が0点とした。

この予測はわれわれが重要であるとみなした多くの因子を強調していた。たとえば、教育、「不安定さ」、被暗示性、知的・感情的成熟度などである。われわれのデータでは、性別や年齢などは、他の変数を考慮すると明らかな差が消失し、有意差は現れなかった。社会科学者による予測では宗教的信念の重要性を過小評価しているように見えるが、この術語はあまりにも広く用いられているので、さまざまな意味合いを持ち、そのうちのいくつかは被暗示性とは関係がない可能性もある。社会科学者が戦争の恐怖や長期化する不況の影響を強調した点はきわめて妥当であると思われる。

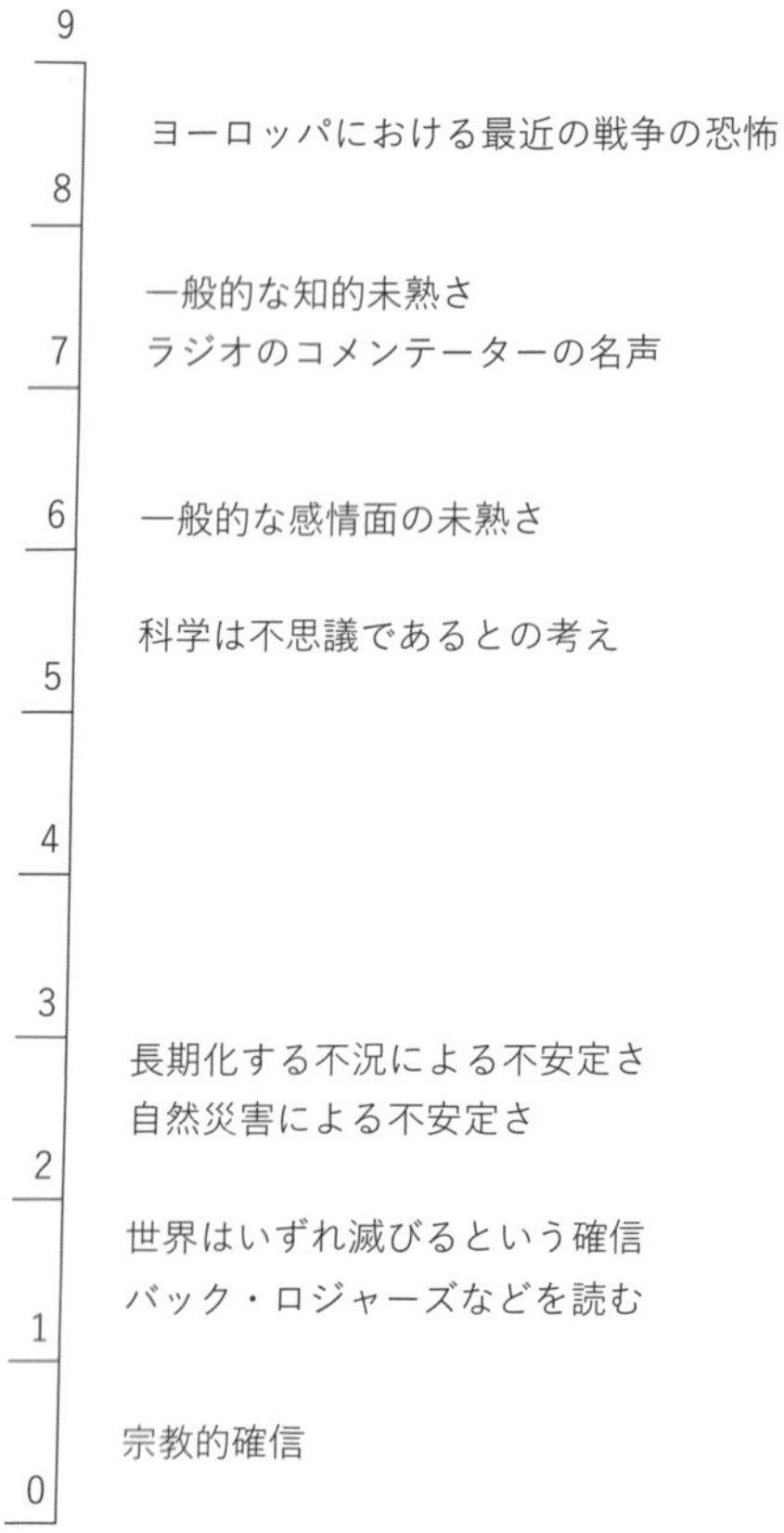

社会学者が重みづけた重要性

付録B　面接法[56]

面接者氏名……

1　あなたは番組をどの時点で聴き始めましたか？

a　あなたはどこで放送を聴きましたか？

2　あなたはどのようにして聴き始めましたか？

いつもウェルズの番組を聴いている………

たまたま聴いた………

誰か他の人が聴いていていた

偶然に………

その番組を聴くつもりで、聴いた………

放送が流れていた部屋にたまたま入った………

聴くように言われた、あるいは、電話がかかってきて聴くように言われた………

他の理由………

3　a　あなたは誰と一緒に聴きましたか？

4　b　家族全員と一緒でなかったとしたら、他の家族はどこにいましたか？

あなたは番組を最後まで聴きましたか？

はい…………　いいえ…………

5　あなたはすぐにそれが単なるラジオ劇であると気づきましたか…………あるいは、最初はそれが本当のニュース放送だと考えましたか？

6　あなたはこのような番組を放送すべきだと考えていますか？

はい…………　いいえ…………

a　その理由は？

第一部　最初から単なるラジオ劇であると気づいていた人へ

1　あなたはどのようにしてそれが単なるラジオ劇だと気づきましたか？

2　聴き始めて、途中からそれが単なるラジオ劇だと疑いましたか？

はい…………　いいえ…………

＊56——この面接法で面接者というのは、回答者に質問をしていく人を指している。面接中にはメモを取り、面接の直後に謄写版で面接を複写した。質問に対して答えていくのは決められた順序はなく、きわめて柔軟な順で進んでいった。もしもある質問がいくつかの点に及ぶ議論の流れを引き起こしたとしても、回答者の答えが順に従っていないからといって、面接を遮ったりはしなかった。面接者は速記でメモを取った。回答者の協力が得られるようになると、メモを取っても、率直で自由な描写を遮るようには少しも思われなかった。

3　もしも疑ったならば、それは番組のどの部分でしたか？
a　その理由は？
b　それが単なるラジオ劇であると確信したのはなぜでしたか？
4　もしも疑ったならば、あなたは番組のどの部分で、それが単なるラジオ劇であると確信しましたか？
そのようなことが起こり得るのはラジオ劇の中だけだとどのようにして気づきましたか？（回答者の態度を説明するパーソナリティや背景は何だろうか？）
5　あなたはそのラジオ劇が好きでしたか？
はい…………　いいえ…………
6　あなたはその番組のどこが好きでしたか（あるいは、嫌いでしたか）？
7　番組の最中に多くの人々が恐怖に駆られて、ひどく興奮したことについて、あなたはどのように説明しますか？

第二部　最初はそれが本当のニュース放送だと信じた人へ

1　どのくらいの期間、あなたはそれがニュース放送だと信じていましたか？
その晩ずっと（実際の放送よりも長い時間）…………
番組の終わりまで…………
番組中のかなりの時間…………
番組中のごく短い時間…………

とくにはっきりとした時間ではない…………

他の理由…………

2 A あなたはどのようにして、それが単なるラジオ劇であると気づきましたか？

a 回答者の反応を詳しく記述する。（どれくらい早く確認をしたか、番組のどの時点で、なぜその時であったか、誰が確認を行ったか、どのような種類の確認であったか、確認の結果、反応にどのような影響が及んだだろうか？ まったく確認をしなかったとすると、それはなぜか？）

2 B b それが真実だと考えたら、あなたは何をしただろうか？

面接者 どの時点で、なぜ回答者は確認を始めたのか分類する。

すぐには情報を得られなかったので、確認はしなかった…………

確認せず ほとんど直後に、それが単なるラジオ劇と気づいたため…………

ほとんど直後に確認し、真相に気づき、それがラジオ劇と認識した…………

番組の「信じがたい」部分に至るまで、信じていたが、その時点で確認して、真実を受け入れた…………

番組の「危険な」部分に至るまで、信じていたが、その時点で確認して、真実を受け入れた…………

確認行動をただちに始め、確認は不成功に終わったものの、ニュースの内容によって、回答者の不安は軽減した…………

まったく確認せず ただ最後まで番組を聴き続けた…………

まったく確認せず　回答者はパニックに陥り、聴き続けられなかった………

まったく確認せず　回答者は他者による確認を受け入れるのを拒否さえした………

3

面接者への注意点　2Bに示した反応のタイプに従って、次に二種の異なる質問をしていかなければならない。一種の質問は、前述の分類の最初の三つのタイプに該当する人々、すなわち、番組をニュース放送だと信じたとは分類できない人々に対するものである。もう一種の質問は、残りの六つのタイプの反応を示した人々、すなわち、長時間にわたって放送がニュースであると信じていた人々に対するものである。

a　回答者が最初の三つのタイプの反応のひとつに該当する場合に、次の質問をする。

1　あなたはそれがどのような種類の破局的状況であると信じましたか？

2　番組のどのような部分で、それは実際のニュース放送ではないと疑いましたか？

3　あなたはどうしてそう感じましたか？

4　一緒にいた他の人々はどのような反応を呈しましたか？

5　単なるラジオ劇と気づいた後も、あなたは番組を聴き続けましたか？

はい………　いいえ………

6　もしも「はい」ならば　あなたはそのラジオ劇が好きでしたか？

はい………　いいえ………

その理由は何ですか？

7　多くの人々が放送中に恐怖に駆られて、興奮したという事実を、あなたはどのように説明しますか？

b　回答者が他のタイプの反応のひとつに該当する場合に、次の質問をする。

1　あなたはそれがどのような種類の破局的状況であると信じましたか？ その時にあなたはどうしてそのような破局的状況が実際に起こっていると感じましたか？

2　あなたは侵略者をどのように想像しましたか？ なぜあなたは放送を信じたのですか？ 自発的な答え。

3　過去の影響を遡る

放送に当てはめることができる火星に関する特定の知識（火星に関する一般的な概念）。人類と同様の何らかの生命体が火星に存在することが可能だと、あなたは考えますか？ 大いにあり得る…………　わずかにあり得る…………　まったくない…………　わからない…………

過去の出来事（例 戦争の危機、自然災害）。

あなたは同じような反応を呈した状況に置かれたことがありますか？ もしもそのような経験があれば、それは何でしたか？

個人の過去の経験

あなたは洪水、ハリケーン、砂嵐などの自然災害を経験したことがありますか？

あなたのこれまでの人生で、ある程度長期にわたってとくに不安に感じるような出来事が起きたことがありますか（家族の戦争体験、長期間の病気など）？

番組を聴く直前の影響（例 その前の数日間に起きた尋常ではない緊張や出来事）。

科学に対する一般的な態度

4 あなたは、将来、宇宙船や惑星間通信が可能になると考えますか？

大いにあり得る…………　わずかにあり得る…………　まったくない…………

宗教的信念、世界観

5 あなたは、神が地球上の出来事を支配できるし、実際にそうしていると信じていますか？

はい…………　いいえ…………　わからない…………

6 あなたにとって、地球上の人間の生命は意味がなく、一時的なもので、不毛だなどと感じますか？

恐怖、偏見、不安

7 あなたがとくに好きではない人種や国がありますか？　もしもあるならば、その理由は何ですか？

8 あなたにとって、番組のどのような特徴がとくに現実的に思えましたか？

あなたと一緒にいた他の人々の反応はどのようでしたか？

あなたにとって番組のどの部分がもっとも怖ろしかったですか？　その理由は何ですか？

そのような破局的事態に巻きこまれたことについてあなたの一番の心配は何でしたか？

真のニュース放送であるという事実を疑うようになったのはなぜですか？

個人データ

氏名…………

住所…………

性別…………　年齢…………　既婚…………　未婚…………　子どもの数…………

職業（職位も含める）（女性の場合、夫の職業）……………………………………

あなたの職業の安定は、景気や、ある人々との友情に大きく影響を受けますか？（この点について詳しく尋ねて、職業の安定度について情報を得る）……………………………………

教育程度

小学校卒業…………

高等学校卒業…………

高等学校で数年の教育を受けた…………

大学で数年の教育を受けた…………

大学卒業…………

宗教…………

教会に通う…………

しばしば…………

時々…………

通わない…………

人種…………　国籍…………

経済状態　A…………　B…………　C…………　D…………　E…………
自宅を所有………　借家………　アパート生活………
家やアパートの様子（街のどの地区に暮らしているか、どのような家具か）
………………………………………………………………………………………………
………………………………………………………………………………………………
自家用車………　自動車のメーカー………　自動車の製造年………　電話機の所有
………
あなた（あるいは、あなたの夫）は生命保険に加入していますか？
はい………　いいえ………
よく聞いているお気に入りのラジオ番組は何ですか？（番組名を挙げる）
………………………………………………………………………………………………
………………………………………………………………………………………………
チェコスロバキア危機についての放送をよく聞いていましたか？
はい………　いいえ………
あなたが大好きな雑誌は何ですか？
………………………………………………………………………………………………
………………………………………………………………………………………………
あなたはよく本を読みますか？
はい………　いいえ………　時々………

もしも「はい」ならば、どのような種類の本を読みますか？…………

あなたはどの新聞を読みますか？…………

あなたは新聞のどの部分にもっとも興味がありますか？　その理由は？（「社説」と答えたら、具体的な情報を得る。）

…………………………………………………………………………………………

…………………………………………………………………………………………

あなたは最近の休暇をどのように過ごしましたか？…………

一九三六年の大統領選挙で、あなたは誰に投票しましたか？…………

あなたがもっとも関心があるのは何ですか？

その理由は何ですか？…………

あなたは過去二〇年間で（いかなる領域でも）どのような発展について有用、あるいは危険であると考えますか？

…………………………………………………………………………………………

もっとも有用…………

もっとも危険…………

あなたの人生で変わってほしいことは何ですか？

…………………………………………………………………………………………

あなたがとても恐れていることを三つ挙げてください。

…………………………………………………………………………………………

米国民に起きる可能性があるとあなたが想像する大惨事は何ですか？

……………………………………………………………………………………………………

あなたがとても誇りに感じていることを三つ挙げてください。…………

あなたはこれまでに非常に複雑な状況に対処できたことがありますか？

はい………　いいえ………

もしも「はい」ならば、それはどのような状況でしたか？

……………………………………………………………………………

以下に挙げるもののうちで、あなたがもっとも望むものは何ですか？（三つまで可）

老後の安定………

高収入………

子どもの大学教育………

安定した職業………

安定した投資………

これから五〇年間戦争がない………

これから五〇年間不況がない………

昇進………

よい友達を持つ………

地域で有名になる

各地に旅行する………

興味深い仕事に就く…………
よい地域に立派な自宅を持つ…………
変化に富んだ生活を送る…………
すばらしい家族を持つ…………
これから数十年間大きな政治的変化がない…………
より多くの余暇がある…………
なぜあなたは印をつけたのか、その理由は何ですか？
………………………………………………………………………………………………
あなたは他の人々よりも心配が多いですか？
多い…………　同じ…………　少ない…………
あなたは何が一番心配ですか？
………………………………………………………………………………………………
これまでいつもそうでしたか？
はい…………　いいえ…………
もしも「いいえ」ならば、それはいつからでしたか？…………
回答者が男性の場合
過去五年間で、あなたは何かのグループのリーダーとみられたことがありますか？
六つ以上…………
一～六…………

なし…………

あなたが尊敬する年長の人と話をしている時に、何かの話題に賛成しかねたとして、あなたは一般的にどのように振る舞いますか？

自分の意見を保つ…………

相手の意見に同意しているように振る舞って、相手に合わせるが、間接的に自分の意見を保とうとする…………

少なくとも言葉の上では、相手に同意して、話題をやり過ごす…………

回答者が女性の場合

あなたは何かの女性のグループのリーダーとみられたことがありますか？

六回以上…………

二〜五回…………

一回だけ…………

なし…………

演者が、たとえば五〇名の聴衆に向かって、議論を始めるために、誰か意見を言ってほしいと依頼されたとします。あなたにはよい考えがあると思っています。あなたは発言しますか？

普通は発言する…………

時々…………

めったにしない…………

まったくしない…………

回答者のリーダーの資質についての面接者の印象。

もしも回答者が火星に生命体が存在する可能性があり得ると答えたならば、ほとんどの科学者がその可能性はきわめて低いと指摘して、回答者の反応を見る。

もしも回答者が怖ろしいとか、あるいは火星に生命体が存在する可能性はまったくないと答えたならば、ある有名な天文学者たちがその存在を信じていると指摘して、回答者の反応を見る。

回答者のパーソナリティや心理的世界に関する面接者の一般的な印象。（とくに、分析的能力、経済的な不安定さ、心理的な不安定さ、だまされやすさ、特定の個人特性、リーダーシップに注目する。）

表15　番組を単なるラジオ劇であると
知っていた人の年齢と
教育程度による割合（CBS調査）

	年齢	
教育程度	40歳以上	40歳未満
高等学校卒業以上	69	60
高等学校卒業未満	55	50

表16　ルーズベルト大統領の政策を支持した人の
教育程度と経済状態による割合
（1939年3月実施のAIPO調査）

	経済状態		
教育程度	高（%）	平均（%）	低（%）
大学	30	48	58
高校	42	55	63
小学校	42	53	65
小学校中退	26	63	70

表17　教育程度の差による行動の感受性の差（被暗示性の指標の数）

教育程度	適切な行動に成功		適切な行動に不成功	
	肯定的な指標の数	指標の合計数	肯定的な指標の数	指標の合計数
高校卒業以上	32	152	59	165
高校卒業未満	18	75	70	172

表18　教育程度の差による被暗示性指標と行動群の関係[*1]

被暗示性指標	高等学校卒業以上		高等学校卒業未満	
	適切な行動に成功	適切な行動に不成功	適切な行動に成功	適切な行動に不成功
被暗示性[*2]	5	14	3	14
判定困難[*3]	4	3	1	4
被暗示性なし[*4]	19	11	9	12
合計数	28	28	13	30

＊1――表10では、異なる群が記録されたプラス兆候の割合で分類された。個々人の被暗示性指標は、被暗示性指標の7領域でプラス兆候がマイナス兆候を上回った数によって、各回答者を分類することでも得られるだろう。各事例を分類するのに7つの側面があったが、各側面の領域に関する必要な情報が足りない場合もあった。プラス兆候とマイナス兆候の数が同じ人は数人しかいなかったので、被暗示性ありと被暗示性なしの間に一領域を設ける必要があった。99事例がここでは12群に分類されたという事実にもかかわらず、その結果はやはり統計学的に優位である。

＊2――被暗示性の指標の数が否定的な指標の数を上回る（プラス兆候がマイナス兆候よりも多い）人。

＊3――被暗示性のプラス兆候とマイナス兆候の数が同じ人。

＊4――被暗示性のマイナス兆候がプラス兆候の数よりも多い人。

訳者あとがき

本書はHadley Cantril著『The Invasion from Mars: A Study in the Psychology of Panic』(Transaction Publishers, 2008) の全訳である。

本書の背景となった事件が一九三八年一〇月三〇日のハロウィーンの晩に起きた。H・G・ウェルズの空想科学小説『宇宙戦争』を基にしたラジオ劇がCBSのマーキュリー劇場で放送された。ドラマの語り手は名優オーソン・ウェルズであり、火星人がニュージャージー州に攻めてきて、軍隊ではまったく歯が立たず、多くの犠牲者が出ているというストーリーだった。描写があまりにもありありとしていて、現実味を帯びていたため、全米でパニックが起きた。訳者が生まれるはるか前の出来事ではあるが、訳者ですら聞いたことのある広範囲にわたるパニックであった。この社会現象を、若き社会心理学者ハドリー・キャントリルが調査し、一九四〇年に本書の初版が出版され、コミュニケーション学や社会心理学の古典となった。

その息子のアルバート・H・キャントリルが冒頭に新たに短い解説を加えて、二〇〇八年に再出版したのが本書である。『火星からの侵略』がけっして現代においてもその意義を失っていないというアルバート・H・キャントリルの熱い思いから、本書がふたたびこの世に姿を現したのだ。本書の全体については、アルバート・H・キャントリルが冒頭に新たな短い解説として、きわめて簡潔にまとめているので、訳者が本書の内容を繰り返し述べるのは控えておくことにしよう。

この番組が放送されたのはラジオというメディアが広く社会で活用され始めた頃であり、ラジオが及ぼす影響について高い関心が払われた。当時はナチスドイツや日本が台頭し第二次世界大戦の怖れが増すとともに、大恐慌の影響が長引くといった深刻な社会不安に圧倒されている時代であった。初版の出版から八〇年近く経った現在では、テレビやインターネットを通じて、世界中の至る所で起きた事件も瞬時にして情報が手に入る世の中になっている。一九三八年当時に比べると、情報の量も速さも格段に増してきているものの、マスメディアの情報量が増したことが、パニックの予防に大きな役割を果たしているかというとそれも疑問が残る。

二〇一六年にはヨーロッパへの難民の流入がマスメディアを通じて大々的に報道された。シリアの内戦により多くの難民がヨーロッパに押し寄せ、難民が自国に入ることに対して反対する愛国主義的な活動も活発化した。このような報道が連日のようにテレビやインターネットを通じて伝えられていた。訳者はたまたま二〇一七年一月にドイツを訪れる機会があったが、マスメディアを通じて想像していたヨーロッパの現状とは対照的に、訪問したドイツの小都市がきわめて平穏であったことに驚いたものだ。マスメディアが極端な部分を報道し、全体像を伝えていないというのも、これもまた現代の事実であり、本書が指摘しているように適切な「判断基準」が手に入らない状況では、パニックが生じる下地は今でも同様に認められるように感じた。

なお、原書には統計処理について首をかしげるような記載が所々に見受けられるが（例 図表と本文の数字の不一致）が原書の雰囲気を損なわないように、あえて原書の記載通りに訳しておいた。

一九三八年当時と現代を対比させて本書を読んでみるのが一興かと思われる。訳者は現在、筑波大学で災害・地域精神医学研究部門に所属し、大規模災害と心の健康について教育・研究を進めている。大規模災害では流言飛語をどのようにコントロールするかがつねに大きな課題となる。このような立場からは、本書の翻訳を通じて、社会心理学の古典から多くを学ぶことができたと付け加えておきたい。

最後になったが、本書の翻訳を提案してくださった金剛出版代表取締役の立石正信氏に深謝する。氏は訳者にとって最初の著書である『自殺の危険――臨床的評価と危機介入』（一九九二年）を世に送り出してくださり、それ以来、数多くの激励をいただいてきた。氏の提案がなければ、そもそも本書が世に出ることはなかっただろう。

二〇一七年一〇月

高橋祥友

◆著者略歴

ハドリー・キャントリル ― *Hadley Cantril*

（一九〇六～一九六九）

国際社会研究所所長を務めた。世論調査研究所を創設し、プリンストン大学心理学部教授であり、一九冊の本を著し、第二次世界大戦中には大統領の諮問機関の一員として世論の動向を調査した。

アルバート・H・キャントリル ― *Albert H. Cantril*

ハドリー・キャントリルの息子で、世論分析の専門家である。著作の中には、スーザン・デイヴィス・キャントリルとの共著『Reading Mixed Signals: Ambivalence in American Public Opinion about Government』がある。ジョンソン政権下でホワイトハウスのスタッフとして働き、その後、国務省の東アジア・太平洋局に勤務した経験がある。

◆訳者略歴

高橋祥友 ― たかはしよしとも

金沢大学医学部卒業。東京医科歯科大学、山梨医科大学、UCLA、東京都精神医学総合研究所、防衛医科大学校を経て、二〇一二年より筑波大学医学医療系災害・地域精神医学教授。医学博士、精神科医。

●著書

『自殺の危険　臨床的評価と危機介入』（金剛出版）、『医療者が知っておきたい自殺のリスクマネジメント』（医学書院）、『自殺予防』（岩波新書）、『群発自殺』（中公新書）、『自殺の心理学』（講談社）他。

●訳書

E・S・シュナイドマン『シュナイドマンの自殺学』、G・A・ボナーノ『リジリエンス　喪失と悲嘆についての新たな視点』（以上、金剛出版）、J・モリソン『精神科初回面接』、J・モリソン『モリソン先生の精神科診断講座』（以上、医学書院）他

火《か》星《せい》からの侵略《しんりゃく》
パニックの心理学的研究

２０１７年11月20日　印刷
２０１７年11月30日　発行

著者――――ハドリー・キャントリル
解説――――アルバート・H・キャントリル
訳者――――高橋祥友

発行者――――立石正信
発行所――――株式会社 金剛出版
〒１１２-０００５
東京都文京区水道1-5-16
電話 ０３-３８１５-６６６１
振替 ００１２０-６-３４８４８

装丁◉永松大剛
印刷◉シナノ印刷

ISBN978-4-7724-1585-9 C3011

恥の烙印

精神的疾病へのスティグマと変化への道標

The Mark of Shame : Stigma of Mental Illness and an Agenda for Change

スティーブン・P・ヒンショー＝著

石垣琢麿＝監訳

●A5版　●上製　●496頁　●本体8、200円＋税

カリフォルニア大学バークレー校教授、発達臨床心理学研究の世界的権威のスティーブン・ヒンショウによる、包括的な心理学的精神障害者スティグマ論。

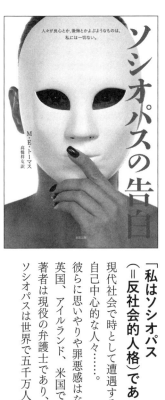